# 心理臨床の副読本

## 臨床実践の内側のはなし

川邉 譲

銀河書籍

# はじめに

　心理臨床にだいぶ長くかかわらせていただきました。

　この間、書物からも多くを学びましたが、クライエントの方々からはもっと多くのことを学ばせていただきました。書物からの学びは臨床実践における経験と融合することによって、はじめて意味あるものとなりました。文字を通じての知識は、少なくとも私には、それだけでは今ひとつしっくりと自分の中に取り込まれることは少なく、臨床実践を通じてはじめて、理論が説いていたことはこれだったのかと気付くことが多かったです。この感覚は、おそらく多くの心理臨床専門職の皆さんと共有できるのではないかと思います。

　また、クライエントの方々から得た学びは、スーパーヴァイザーからの指導や先輩・同僚からの助言があってこそ、明確化されたり、深まったりするものであることも幾度となく経験してきました。

　実践を通じての学びが重要なのは他の学問でも同じでしょうが、心理臨床においては特にそうだと思います。このことは、学問としての臨床心理学が自然科学よりも文字による知識等の積み重ねが難しいことにつながり、また、心理臨床専門職の養成に時間が掛かることにもつながっていると思います。知識としての理論や技法は、臨床実践の経験なくしては本当には理解できませんし、実際の臨床場面に役立てることができてはじめて意味あるものとなると言えます。

　公認心理師や臨床心理士といった専門職資格を得たとしても、最初は、ほとんどの人が素人に毛が生えたレベルからのスタートとなり、クライエントには申し訳ないと感じることが多いはずです。私もそうでした。その一方で、経験を積まないと専門職として成長することができないという現実があり、そこには大きなディレンマが生じます。だからこそ、スーパーヴァイズを受けることや研修会・勉強

会への参加が必須となるわけです。

　しかし、誰もが適切なタイミングで、十分にそれらの機会が得られるとは限りません。

　本書は、初めて臨床現場に出て、日々どうすれば良いのかと悩んでいる方や、新たに心理臨床を学び始めた方に向けて、臨床実践を通じて私の中で形成されてきたことを述べたものです。専門書が心理臨床を外側から解説したものだとすれば、本書はいわば心理臨床の内側から、一心理臨床職の経験を通じてその具体を浮かびあがらせようとするものと言えるかと思います。

　何かの気付きにつながれば、また、心理臨床専門職としてのアイデンティティの形成に少しでも役立てば幸いです。

# 目　　次

はじめに

1　臨床実践と臨床観‥‥‥‥‥‥‥‥‥‥‥‥‥‥‥‥‥‥‥1

2　常識とは、善悪とは‥‥‥‥‥‥‥‥‥‥‥‥‥‥‥‥‥‥5

3　臨床倫理‥‥‥‥‥‥‥‥‥‥‥‥‥‥‥‥‥‥‥‥‥‥‥9

4　見えないものを見る・言葉ならぬものを聴く‥‥‥‥‥‥15

　（1）　分かったと思ったときが分からなくなったとき‥‥‥‥15

　（2）　話の向こう側への想像力‥‥‥‥‥‥‥‥‥‥‥‥‥18

　（3）　聴く側のダメージ（二次受傷）‥‥‥‥‥‥‥‥‥‥21

　（4）　急がば回れ／とりあえず最後まで聴く‥‥‥‥‥‥‥24

　（5）　傾聴とは‥‥‥‥‥‥‥‥‥‥‥‥‥‥‥‥‥‥‥‥26

　（6）　他者視点を持つということ‥‥‥‥‥‥‥‥‥‥‥‥29

　（7）　もう一人の自分‥‥‥‥‥‥‥‥‥‥‥‥‥‥‥‥‥32

　（8）　支援の形‥‥‥‥‥‥‥‥‥‥‥‥‥‥‥‥‥‥‥‥34

　（9）　アドバイスは難しい‥‥‥‥‥‥‥‥‥‥‥‥‥‥‥38

　（10）負のスパイラルからの脱出‥‥‥‥‥‥‥‥‥‥‥‥42

5　相談から見えるもの　〜普通に生きるのは難しい‥‥‥‥46

　（1）　リアルおままごと‥‥‥‥‥‥‥‥‥‥‥‥‥‥‥‥46

　（2）　諦めさせるのが親孝行‥‥‥‥‥‥‥‥‥‥‥‥‥‥50

（3）　子どもは3歳までに親孝行を済ませている・・・・・・・・・・・・・・・・・・・54

（4）　自由のパラドクス・・・・・・・・・・・・・・・・・・・・・・・・・・・・・・・・・・・・58

（5）　孤独は万病のもと・・・・・・・・・・・・・・・・・・・・・・・・・・・・・・・・・・・62

（6）　「孤独」・「孤立」と「依存」・・・・・・・・・・・・・・・・・・・・・・・・・・・・・66

6　相談の中で思うこと　～言葉の意味と力・・・・・・・・・・・・・・・・・・・・・71

（1）　インフォームド・コンセント・・・・・・・・・・・・・・・・・・・・・・・・・・・・・71

（2）　自殺念慮・・・・・・・・・・・・・・・・・・・・・・・・・・・・・・・・・・・・・・・・・・73

（3）　ある逸話・・・・・・・・・・・・・・・・・・・・・・・・・・・・・・・・・・・・・・・・・・77

（4）　言葉にすることの難しさ・・・・・・・・・・・・・・・・・・・・・・・・・・・・・・80

（5）　○○障害について・・・・・・・・・・・・・・・・・・・・・・・・・・・・・・・・・・・84

（6）　言葉遣いと意味付け・・・・・・・・・・・・・・・・・・・・・・・・・・・・・・・・・88

（7）　会話における暗黙のルール・・・・・・・・・・・・・・・・・・・・・・・・・・・91

7　相談のあい路あれこれ・・・・・・・・・・・・・・・・・・・・・・・・・・・・・・・・・94

（1）　感情移入・・・・・・・・・・・・・・・・・・・・・・・・・・・・・・・・・・・・・・・・・・94

（2）　ストレス解消法・・・・・・・・・・・・・・・・・・・・・・・・・・・・・・・・・・・・・97

（3）　身構え・・・・・・・・・・・・・・・・・・・・・・・・・・・・・・・・・・・・・・・・・・・98

（4）　話が分かりにくい／通じにくい・・・・・・・・・・・・・・・・・・・・・・・・・100

（5）　肝心なことを話してくれない・・・・・・・・・・・・・・・・・・・・・・・・・・・102

（6）　話に割り込めない・・・・・・・・・・・・・・・・・・・・・・・・・・・・・・・・・・104

（7）　知的な問題がうかがわれる・・・・・・・・・・・・・・・・・・・・・・・・・・・107

(8) 認知機能に問題がうかがわれる・・・・・・・・・・・・・・・・・・・・・・・111

(9) 相談の中断・・・・・・・・・・・・・・・・・・・・・・・・・・・・・・・・・・・・・114

(10) 言葉遣いと話し方の自己点検・・・・・・・・・・・・・・・・・・・・・・・116

## 8　犯罪非行臨床の要諦・・・・・・・・・・・・・・・・・・・・・・・・・・・・120

## 9　「面接」をする・考える・・・・・・・・・・・・・・・・・・・・・・・・126

(1) 面接とは・・・・・・・・・・・・・・・・・・・・・・・・・・・・・・・・・・・・・・126

①　面接の基本・・・・・・・・・・・・・・・・・・・・・・・・・・・・・・・・・126

②　マニュアルの読み方・・・・・・・・・・・・・・・・・・・・・・・・・・128

③　面接の態様と面接者の在り方・・・・・・・・・・・・・・・・・・131

(2) 面接を始める前に・・・・・・・・・・・・・・・・・・・・・・・・・・・・・134

①　枠組みの設定・・・・・・・・・・・・・・・・・・・・・・・・・・・・・・・134

②　場所・・・・・・・・・・・・・・・・・・・・・・・・・・・・・・・・・・・・・・135

③　時間・頻度・・・・・・・・・・・・・・・・・・・・・・・・・・・・・・・・・136

④　回数・期間・・・・・・・・・・・・・・・・・・・・・・・・・・・・・・・・・138

⑤　面接者・・・・・・・・・・・・・・・・・・・・・・・・・・・・・・・・・・・・138

⑥　事前の心構え　～限界の自覚・・・・・・・・・・・・・・・・・・140

(3) 面接への導入・・・・・・・・・・・・・・・・・・・・・・・・・・・・・・・・142

①　事前チェック・・・・・・・・・・・・・・・・・・・・・・・・・・・・・・・142

②　服装・・・・・・・・・・・・・・・・・・・・・・・・・・・・・・・・・・・・・・143

③　座る位置・・・・・・・・・・・・・・・・・・・・・・・・・・・・・・・・・・144

④　最初の言葉‥‥‥‥‥‥‥‥‥‥‥‥‥‥‥‥‥‥146

　　⑤　クライエントをどう呼ぶか‥‥‥‥‥‥‥‥‥147

　　⑥　自己紹介‥‥‥‥‥‥‥‥‥‥‥‥‥‥‥‥‥‥149

　　⑦　クライエントにどう呼ばれるか‥‥‥‥‥‥‥149

（4）面接の内的枠組み‥‥‥‥‥‥‥‥‥‥‥‥‥‥‥150

　　①　調査型の面接の場合‥‥‥‥‥‥‥‥‥‥‥‥151

　　②　相談型の面接の場合‥‥‥‥‥‥‥‥‥‥‥‥152

　　③　指示・教示・支援‥‥‥‥‥‥‥‥‥‥‥‥‥154

（5）ベテランの至境‥‥‥‥‥‥‥‥‥‥‥‥‥‥‥‥155

（6）受容とは、傾聴とは‥‥‥‥‥‥‥‥‥‥‥‥‥‥157

（7）共感とは‥‥‥‥‥‥‥‥‥‥‥‥‥‥‥‥‥‥‥158

（8）聴き方、訊（聞）き方‥‥‥‥‥‥‥‥‥‥‥‥‥161

　　①　聴き方‥‥‥‥‥‥‥‥‥‥‥‥‥‥‥‥‥‥161

　　②　訊（聞）き方‥‥‥‥‥‥‥‥‥‥‥‥‥‥‥163

　　③　オープン・エンド・クエスチョン／クローズド・クエスチョン‥‥‥165

（9）面接の進め方・深め方‥‥‥‥‥‥‥‥‥‥‥‥‥166

　　①　応答の仕方‥‥‥‥‥‥‥‥‥‥‥‥‥‥‥‥166

　　②　分かる言葉で‥‥‥‥‥‥‥‥‥‥‥‥‥‥‥168

　　③　視線‥‥‥‥‥‥‥‥‥‥‥‥‥‥‥‥‥‥‥169

　　④　気付きへの道のり‥‥‥‥‥‥‥‥‥‥‥‥‥170

⑤　自己開示について・・・・・・・・・・・・・・・・・・・・・・・・・・・・・・・・・・・173

⑥　関係性の点検　・・・・・・・・・・・・・・・・・・・・・・・・・・・・・・・・・・・175

(10)　調査型の面接における留意点・・・・・・・・・・・・・・・・・・・・・・・・176

①　基本姿勢・・・・・・・・・・・・・・・・・・・・・・・・・・・・・・・・・・・・・・・・176

②　事実への接近のために・・・・・・・・・・・・・・・・・・・・・・・・・・・・178

(11)　再び、面接とは・・・・・・・・・・・・・・・・・・・・・・・・・・・・・・・・・・・181

**あとがき**・・・・・・・・・・・・・・・・・・・・・・・・・・・・・・・・・・・・・・・・・・・・183

# 1 臨床実践と臨床観

　心理臨床は人のいるところのすべてに存在しますので、すそ野がとても広く、実践の領域によりクライエントの抱える問題は大きく異なります。クライエントが異なれば、当然、そこで働く心理臨床専門職に求められる知識や技能も違ってきます。しかし、クライエントは皆、「人」ですから、基本となるところにさほどの違わないはずです。

　私は、心理臨床の経験の場で、最も長いのは犯罪非行臨床なのですが、そこで出会った人たちは、犯罪や非行をしたという事実を除けば、ほかの臨床分野で会う人たちとほとんど同じでした。統合失調症の人も、うつの人も、神経症圏内の人も、パーソナリティ症（障害）の人も、発達に問題を抱えている人もいるといった具合です。このことは、学校臨床の現場でも福祉の現場でも産業の現場でも、どこでも同じだと思います。

　一方、同じ領域として括られる臨床現場であっても、個々の現場ごとに違いがあります。精神科病院を例にとれば、入院設備のある病院と外来だけの診療所、総合病院と精神科単科の病院、同じ精神科単科でも老年期中心の病院、児童・思春期中心の病院、勤労者の復職支援中心の病院などの違いにより、対象となるクライエントは違ってきますし、それに伴い、心理臨床専門職に求められる知識や技能も違ってきます。しかし、繰り返しになりますが、クライエントは

皆、疾患名・障害名などで括られる存在ではなく、独自の個性・問題を持った「人」です。したがって、類型ごとに示されるレディ・メイドの対応だけではなく、個々人の特性に応じたオーダー・メイドの対応をしていくことが重要となります。

　犯罪精神医学者のド・グレーフ（De Greeff, E.）は、「犯罪者である前に人である」という言葉を残しています(注)が、この言葉の犯罪者という部分は、○○症、○○障害などの別の言葉に置き換えることができます。臨床の基本は、その人を症状や社会的評価といった外側の特徴にではなく、その人の内側に寄り添うことだと思います。


　以上のような私の臨床観は、犯罪非行臨床、特に非行臨床の経験に大きく影響されています。

　何か事件があるたびにとやかく言われる少年法ですが、少年法の中には「非行少年」という用語が一度も出てこないことをご存じでしょうか。少年法では、一般に非行少年と呼ばれる少年のことを「非行のある少年」と呼びます。これが少年法の精神を象徴するものだと私は思っています。彼らを「非行少年」と呼んでしまうと、彼らの今までの辛い体験、社会で生きていく上での様々なハンディキャップ、個性、長所、夢や希望といったものが背景に沈み込み、見えにくくなり、「非行」だけが注目されてしまいます。「男は皆○○だ」、「女は皆○○だ」、「子どもは皆○○だ」などと括るのは、ステレオタイプな決め付けであり、間違いであ

ることは誰もが知っていると思いますが、そうしたステレオタイプな決め付けが非行少年には無批判になされがちです。そもそも非行少年と呼ばれる少年は、1日24時間、どんな場面でもどんな人を相手にしても「悪い」わけではありません。皆、良い面も持っていますし、悪さをしていたとしても、そこには何らかの理由があります。そこに目を向けないで、支援などできようはずがありません。

　唯一無二の「人」を相手にしてこそ、寄り添い、支援していくことができるのです。

　臨床観は、臨床実践の場によって多少違うでしょうし、臨床歴や人生経験によっても違ってくるし、経験とともに変化するものだとも思います。しかし、その時点時点で、自らの臨床観を振り返ることは誠実な臨床をする上では欠かせないと思います。

　こんなことを述べる背景には恥ずかしい体験があります。経験年数10年位のときに参加した某学会の某シンポジウムで、症状をどう見立てるかという問題についての意見交換をしたことがあります。昨今の意見交換では、クライエントの示す症状が診断基準のどれに当てはまるかを検討するのでしょうが、まだ反精神医学の尻尾を引きずっている当時は、診断名などよりも、クライエントの人生をどう見るか、どう導くかということこそが議論されるべき問題でした。その議論の中で、私は大先輩から「君は10年も臨床をしていて、自分なりの臨床観はないのか！」と一喝されました。私は、確固たる臨床観も人生観も示すことのできな

いそのときの自分を昨日のことのように思い出します。おそらく自分の中にそのようなものが全くないわけではなかったのですが、それを吟味するという姿勢を欠いていたことは確かでした。

　臨床で「人」とかかわるには、自分という「人」が確固としたものとなっている必要があると思います。自分の臨床観と向き合うという作業を繰り返すのは、心理臨床専門職の責務のひとつだと思います。


　　注：梅澤礼（2023）「犯罪へ至る心理」光文社

## 2 常識とは、善悪とは(注)

　オウム真理教による多くの犯罪が明るみに出始めたころ、私は地下鉄サリン事件の舞台となった霞が関駅のA2出口付近のビルで勤務していました。そして、あの事件は、霞が関からある地方都市に転勤した1年後の1995年3月20日午前8時ころに敢行されました。転勤せずにいたら、出勤時にサリンの撒かれた電車に乗っていたかもしれないと思うとぞっとします。

　後に、勤務先（矯正施設）に収容されたオウム真理教の人たちと接する機会もあったのですが、皆、世間一般でいう「悪」とは縁遠い、純粋でまじめな人たちばかりでした。しかし、世間の常識とはかけ離れた独自の価値観の下、信念をもって犯罪をしていました。善悪に関する判断基準が世間のそれと全く違っていたのです。彼らの多くは、「高学歴で、オウムに入信する前は常識人であったはずなのになぜ・・・」と思わざるを得ない人たちでした。普通の人がどうしたらあんな常識はずれが成し得るのか、未だに疑問です。しかし、翻って、世界を見渡したり、歴史を振り返ったりすれば、人種差別など、非常識が常識となった事例や、宗教対立等の価値観の違いから戦争に至った例はいくらでもあり、かつ今でも厳然と存在します。常識も善悪の基準も自分と他人とで絶対的共有はできないのかもしれません。

ところで、地下鉄サリン事件のあったときに勤務していた地方都市は、トップクラスの公立高校が男子校・女子校に分かれているなど、そこここに昭和のにおいを残しているところでしたが、私が着任してすぐ、そうした地域文化を揺るがしかねない「事件」が起きました。私と同じタイミングで東京から転校してきた中学生が頭髪を丸刈りにするのを拒否して、校則の不合理性を訴えたのでした。これは新聞にも取り上げられ、「事件」というにふさわしい扱いを受けました。私は、転校生の主張は至極真っ当だと感じたのですが、地域の世論は丸刈り賛成派が圧倒的多数で、自分の常識はその地域の常識ではなかったことを思い知りました。もちろん、今ではその地域でも丸刈り強制ルールはなくなっていますので、新常識の浸透が遅かっただけと言えます。丸刈りに関しては、もっと新常識の浸透が遅かったのは野球部でしょうか。甲子園でも2000年を過ぎてもしばらくは、丸刈りが当たり前であったように思います。

　常識は移ろうものです。法律もかなり頻繁に改正されます。例えば、覚せい剤取締法は1951（昭和26）年に制定されたもので、それまでは覚せい剤は合法でした。最近では、2022年から民法上の成年年齢が18歳に引き下げになり、同時に少年法も18・9歳を特定少年とするなどの改正がありました。犯罪を規定している刑法も2023年に改正となり、長らく強姦（後の一期間は強制性交罪）と呼ばれていた犯罪が不同意性交罪という名称になり、その成立条件も大きく変

わりました。また、刑の種類も変わることとなり、2025年6月からは、懲役刑・禁錮刑の区別がなくなり「拘禁刑」となります。

　新手の脱法的手口は次々に出現するので、新たに「違法」を規定することがこれからも続くと思います。つまり、新しく「悪」を法令により規定するわけですが、その規定の仕方の根底には、法律的な善悪規準を超えた倫理観や公正観といった、人や社会に共通なコアな価値規準があるように思われます。むしろ、そうした素朴な倫理観や公正観のうち、法律という文章に表現しきれていなかった部分を法律化していくというほうが正しいかもしれません。

　しかし、他方では、従来「違法」であった行為が違法でなくなった例も多いですし、国や地域によって合法・違法が分かれる行為も多いです。そこを見ると、人や社会のコアだと思われる価値規準も案外移ろうと言わざるを得ません。そもそもひとつひとつの行為を善悪の二分法で捉えるのが間違えているのかもしれません。善の中にもいくらかの悪が含まれ、悪の中にもいくらかの善が含まれるというのが本当のところかもしれません。

　心理臨床の現場も同じで、「正常／異常」、「普通／特異」、「健常／疾病・障害」といった概念は、案外大きな幅を持ち、かつ移ろいます。例えば、学校に行けない状態は、かつては学校恐怖症とか登校拒否と言われて、精神科的な問題があるかのように思われていましたが、今は不登校という名称で呼ばれるようになり、辛いなら無理して登校することはないという対応が主流になり、フリース

クール、適応指導教室、通信制高校・単位制高校などの受け皿が整ってきています。ＬＧＢＴＱ＋の問題もまた然りです。彼らは依然としてマイノリティではありますが、無理に本当の自分を隠さないといけないといった社会的圧力は以前に比べれば相当小さくなり、性自認や性指向を個性として理解する人が多くなっています。

　心理臨床では個を扱います。個は個をとりまく環境との関係で存在しますので、価値観を含む環境の要素を無視するわけにはいきません。心理臨床の実践では、最初は、個と環境との折り合いをつけることを目指すことになりますが、どうしてもそれができない場合は個を優先するしかない、つまり社会的価値基準や常識から自由にならなければならない運命にあると思います。個が個として生きていくのは至難です。それに寄り添う心理職も同じ至難を引き受ける覚悟がないといけません。そのためには、常識から自由なところで自分を確立させるという課題を達成している必要があります。それは、善悪を超えた高次の倫理観や公正観を持つという課題なのだと思います。


　　注：2024年に日本犯罪心理学会のホームページに寄稿した「移ろう人の心と社会」と題したコラムを本書のために書き直したものです。

## 3 臨床倫理(注)

　心理臨床に携わろうとする者は、大学、大学院、職場のそれぞれで、いの一番に臨床倫理を学び、経験を積んでもなお、たびたび倫理問題に直面します。臨床倫理の問題は、絶対的正解はないと言っても差し支えないほどに複雑です。

　それはなぜかを考えてみたいと思います。

　かつて倫理関係の業務に携わったとき、現場から、既存の倫理ガイドライン等のみでは多様な事例に対応できないからより具体的で詳細なガイドラインを提供してほしいという声がしばしば上がっていました。私は、そうした声への対応に苦慮するとともに、そうした要望が上がってくることに違和感を覚えていました。苦慮の方は、すべての想定を網羅した完璧なものは作りようがなく、仮にそれに多少近付けることができたとしても、倫理を巡る諸事情や考え方は時代とともに変化し、作った後からすぐに更新しなければならなくなるのは目に見えているので、現状以上に具体的で詳細なガイドラインを作るのは難しいと回答することである程度の理解を得ることができました。違和感は、詳細なガイドラインが本当に専門職集団にとって本当に有益なのかという疑問ゆえのものでした。

　規定の類を作る場合、作る側は、遺漏がないように細心の注意を払うことになりますが、その方針で規定類を作ると、「かくかくの条件がすべて満たされた場

合に・・・」といった、制約の多い、臨床現場の裁量がほとんどないものとならざるを得なくなるという弊害を生みます。これでは、結果として、臨床実践を円滑に進めるどころか、むしろその逆のものとなってしまいかねません。ガイドライン等が抽象的であるのには、そうならざるを得ないという消極的理由ばかりではなく、むしろ、そのほうが良いという積極的理由もあると考えることもできると思います。また、より本質的な問題として、詳細なガイドライン等を求める背景に、本来は心理臨床専門職自身が負うべき心理臨床の実践に関する責任を、ガイドライン等に負わせたいという潜在的な構えが隠れているのではないか、もしそうだとしたら、心理臨床専門職が個々の内面に職業倫理を確立させるべきであるのに、それを放棄し、外部規準に頼ろうとすることにほかならないのではないかという思いがありました。

「倫理」は、精選版日本国語大辞典（小学館、2006）には、「社会生活で人の守るべき道理、人が行動する際の規範となるもの、規範となる原理、道徳」とあります。

語源を見ると、英語の「ethics」は、ギリシャ語の「ethos」に由来するとされます（林ほか、1971）。Ethosは、各種英和辞典によれば、特定の民族・社会・時代・文化などの気風、精神、思潮、特質などつまりは「習慣・慣習」というものを示します。こうしたことから、英語の「倫理（ethics）」は、外から与えられたり、誰かが作るものではなく、社会または集団に自然発生的に生まれ、文化や時代や関

係性によって少しずつ姿を変えながら今日に至っていると見ることができます。いつかの時点で定められた規程（規定）や綱領にいつまでも縛られていたのでは時代の動きについていけないと危惧されます。また、世の中には、いろいろな文化背景を持っている人が、いろいろな状況の中で生活しているので、硬直した倫理観に縛られていては、価値の多様性や流動性には対応できません。

　次に、倫と理の漢字の意味についても見てみます。「倫」という字は「人」偏と「侖」という旁（つくり）とに分かれます。「侖」は、白川（2007）によれば、木簡のような編冊をまるく巻いた形の象形文字で、相次第して一連をなしまるくまとめられ、順序次第のある一連のもの、相対に義をなすものとされます。つまり、一定の高さに揃って、順序良く並べられたひとまとまりの物を指す象形文字であるということです。

　「倫理」の本質は、「倫」の文字を使った熟字の意味からもうかがわれます。「倫」を使った熟字は多くはなく、「倫理」のほかには、「不倫」、「精力絶倫」、「五倫」、「乱倫」、「人倫」などがありますが、精力絶倫以外は、倫は道徳とほぼ同義に使われていますので、精力絶倫に注目することにします。絶倫とは「群を抜いている」という意味であり、この「侖」は「群」すなわち、「ひとまとまり」「同じ類のものの集合」であり、ここから「その集団が持つ共通認識・共通価値」という意味が導かれるわけです。横並びのいわば「標準」から一歩抜きんでているのが「絶

倫」です。ここからも、「倫」という文字がまわりとの関係の中で意味付けられていることが分かります。

　「理」の方は「玉」と「里」の組み合わせです。里という字は田んぼと土の組み合わせなので、「田んぼや土に従う」という意味になり、また、「ひと区画」という意味も生まれて、それからさらに「ひとつのルール」というところまで発展しているようです。ここからも、「倫理」は関係性の中で生じている価値的規範であること、絶対的なものではなく相対的なものであり、「関係性の理（ことわり）」であることが分かります。

　孟子によって提唱された「五倫」は比較的知られていますが、これは、「父子の親」、「君臣の義」、「夫婦の別」、「長幼の序」、「朋友の信」という人間関係のきちんとした間柄（加藤、1999）、つまり、関係性の中で守るべき行動規範・基準を説いているものです。

　こうしてみると、英語文化圏でも漢字文化圏でも、倫理は相対的なものであって、絶対的なものではないということが分かります。「倫理」の本質は、「その時代、その文化において、そこに所属する人間が共通して持っている行動規範・判断基準としての共通認識となっているもので、それは集団内に自生するものである」と言えます。倫理をこのようにとらえると、当然、集団ごとに守るべき倫理は違うという結論が導かれます。宗教者の倫理、政治家の倫理、反社会的組織内の倫理・・・、すべて違って当たり前ということになります。そして、心理臨床の

対象となるクライエントが持っている価値体系も心理臨床実践者のそれとは違うことになります。

この認識は、倫理を考える上での基礎であると考えられます。つまり、倫理は、時と場合と関係性によって規定されるものであり、したがって、その都度、毎日、時々刻々創り出していかなければならないものであることを意識している必要があるということです。

以上を踏まえると、「倫理綱領等に○○と書いてあるから／書いていないから・・・」などと、目の前で進行している臨床実践の「外にある基準」に照らして臨床心理を考えるのは間違いで、臨床倫理については、自分で自律的に思考判断していくことが必要であり、そのための知識と能力を身に付けることが必要であるというところに帰着します。

医療倫理Q＆A刊行委員会(2002)は、「倫理的行為の原則」として、「倫理的行為はただ単に外から課され、強要されている規範を守ればよいというものではない。納得と自己規制が必要である。(中略)自己の判断と理性により、自己の責任において行為を検討し、行為を選択しなければならない。そのような行為が倫理的行為である」としています。これが正鵠を射た定義だろうと思います。

注：川邉譲（2025）「心理臨床における倫理再考」 駿河台大学心理カウ
ンセリングセンター研究第4号に加筆修正したものです。


＜引用文献＞

林達夫ほか監修（1971） 哲学事典改訂新版　平凡社

医療倫理Q＆A刊行委員会（2002）　医療倫理Q＆A改訂版（初版は1988）
　太陽出版

加藤道理（1999）　字源物語　明治書院

白川静（2007）　新訂字統　平凡社

小学館（2006）　精選版日本国語大辞典　小学館

## 4 見えないものを見る・言葉ならぬものを聴く


　4から9までは、法テラス(注)で、性犯罪、DV、ストーカーなどの被害を受けた方の電話相談を担当している方たち向けに連載したコラムのうち、一般の面接相談や電話による相談にも通じるテーマを取り上げ、書き直したものです。


　　　注：法テラスは、正式には、日本司法支援センターです。


### （1）分かったと思ったときが分らなくなったとき

　「甘えの構造」で有名な土居健郎先生の言葉です。

　相談者が、「少し傷ついてしまっています」、「些細なことだとは思うのですが・・・」などと言っているとしても、「少し」や「些細」を真に受けることはできません。また、お話をうかがって、「かつて経験したあのケースと同じだなぁ」、「教科書に書いていた典型例のようだなぁ」などと早合点するのも禁物です。冒頭の言葉は、そういう単純浅薄な「分かる」への戒めです。

　そもそも他人の気持ちや状況についてすっかり分かりきってしまうことはありません。「分かる」ということは、相手の気持ちや状況を自分の理解の枠組みに押し込めて、分かったと決め付けてしまうことでしかありません。自分の理解の枠

組みが歪んでいれば、理解は誤解にしかなりませんし、理解の枠組みが小さければ、漏れてはいけない大事なことがどんどん漏れてしまいます。しかも、分かったと思ってしまっては、歪みや漏れに気付くことができません。

とはいえ、ふと、「あの人と同じ」、「あの例と似ている」と思うことは、経験を積むほどに多くなりますし、過去の経験を生かせるからこそ円滑に相談を進めることができるという側面もあります。大事なことは、100％分かりきってしまわず、心のどこかに「違うかもしれない」、「まだ分かっていないことがあるに違いない」という思いを残しておくことです。

「分かる」ことの難しさを見事に描写している短編小説に芥川龍之介の「手巾（ハンケチ）」があります。とても短いもので、インターネットの青空文庫で読むことができます。

話は、東京帝国法科大学の教授である「先生」が読書をしながら、洋の東西の文化の違いや日本の「武士道精神」に思いを馳せているところに、教え子（青年）の母親（婦人）が息子の死を知らせに来たシーンの描写です。


婦人は、息子が死んだというのに全く取り乱すこともなく、あくまでも礼節正しく、時に微笑さえ浮かべて平生どおりの受け答えをするので、先生はこれを不思議に思います。これが先生の「第一の発見」です。（以下、引用。旧仮名遣いの部分を現代仮名遣いに修正しています。）

「が、第一の発見の後には、間もなく、第二の発見が次いで起った。——

　丁度、主客の話題が、なくなった青年の追懐から、その日常生活のデイテイルに及んで、更に又、もとの追懐へ戻ろうとしていた時である。何かの拍子で、朝鮮団扇が、先生の手をすべって、ぱたりと寄木の床の上に落ちた。会話は無論寸刻の断続を許さない程、切迫している訳ではない。そこで、先生は、半身を椅子から前へのり出しながら、下を向いて、床の方へ手をのばした。団扇は、小さなテエブルの下に——上靴にかくれた婦人の白足袋の側に落ちている。

　その時、先生の眼には、偶然、婦人の膝が見えた。膝の上には、手巾を持った手が、のっている。勿論これだけでは、発見でも何でもない。が、同時に、先生は、婦人の手が、はげしく、ふるえているのに気がついた。ふるえながら、それが感情の激動を強いて抑へようとするせいか、膝の上の手巾を、両手で裂かないばかりに緊く、握っているのに気がついた。そうして、最後に、皺くちゃになった絹の手巾が、しなやかな指の間で、さながら微風にでもふかれているように、繍のある縁を動かしているのに気がついた。——婦人は、顔でこそ笑っていたが、実はさっきから、全身で泣いていたのである。

芥川のこの作品は、物事の一側面しか見ないと判断を間違えるということとともに、非言語的コミュニケーション（NVC：non－verbal communication）の重要性をも示しています。（評論を読むと、「先生」のモデルとされる新渡戸稲造への批判を含むもののようですが、そのあたりの知識のない私にはそれを読み取ることができません。これも分からないことの例のひとつでしょう。）

　顔の見えない電話相談や電話受付では、非言語的コミュニケーションは、声のトーン、声の震え、戸惑いや躊躇、話の間（マ）、注釈的な言葉、間投詞などから受ける印象によるものに限られます。しかし、そこからでも読み取れるもの、感じ取れるものはあると思います。言葉になっていることだけが事実ではないという意識を常に持っていたいものです。同時に、自分の理解や印象が、「正しくはないかもしれない」、「それだけではないないかもしれない」と自戒したいものです。


## （2）　話の向こう側への想像力

　対面によるものでも電話によるものでも、相談を受ける際には、相手の状況を想像する一方で、自分の想像どおりではない可能性があることを心に留めておくことが大事です。前節の「分かったと思ったときが分からなくなったとき」で述べたとおりです。特に、何らかの被害的体験をなさった方との話では、少なくともその出だしにおいては、相手がトラウマ的体験による影響を受けている可能性が

あるものとして対応することになると思います。話が堂々巡りして一向に進まない、とつとつと断片的にしか話さない、逆に脈絡なくいろいろなことをごっちゃにして話す、まとまりがなく何を言っているのかがつかめない、肝心なことを話してくれないといったこともあるのではないかと思いますが、そうした話し方の背景にはいろいろな事情があるはずです。「トラウマ的体験のせい」というのもそのひとつです。

　被害者対応、特に性犯罪被害者への対応においてはトラウマ・インフォームド・ケアの観点が必要だといわれますが、トラウマ体験があるかもしれないことを念頭に置いて話を聴くことがその第一歩であるように思います。つまり、相手の今の状態はポスト・トラウマかもしれないという意識を持って、気長に受容的に聴くこと自体がケアになるということです。また、電話相談の場合にはそれ以上のケアはできませんから、「聴く」ことに全力を注ぐしかありません。

　ショッキングな出来事に遭遇すると、心理面では、フラッシュバック、イライラ、落ち込み、激しい感情の浮き沈み、死にたくなる、自己イメージが悪化するなどの問題が、身体面では、不眠、体調不良、食欲低下などの問題が、行動面では引きこもり、職場や学校に行けない、いつも誰かと一緒にいようとする、酒・たばこの量が増える、音に過敏になる、他人を信用できない・頼れないなど、思考面では、悪い方悪い方ばかりを考える、周りがすべて脅威に思える、考えがまとまりにくくなる、頭の回転が悪くなるなどの症状が生じます。

これらはみんな普通のことです。症状はすべて、ショッキングな出来事を経験したせいであり、自分自身の問題ではないと思うだけでも気は幾分楽になります。ですから、相手にはそのように伝えることが有益です。症状とだけ戦えば良いのであって自分自身とは戦う必要はありません。悪いのは相手（加害者）や運であり、自分ではありません。また、話せることは話してもらいますが、自ら話してこないことは無理に話してもらわない方が良いです。話さないということは、話せないということ、すなわち、話す準備が整っていないことを意味することが多いです。

　それに、無理に話してもらってもこちらが何かできるわけではないのであれば、話してもらうことには意味がありませんし、むしろ害悪の方が大きいです。加えて言えば、聴いてしまったことが聴いた人のストレス因にもなります。精神保健の専門機関に相談することを勧めるのが賢明かつ誠実な対応と言えるでしょう。

　もうひとつ重要なことに、先に挙げた症状について話してくれた場合には、共感を示し、いたわることが必要である一方で、犯罪事実が確定していない状態、特に、警察等での捜査が済んでいない状態の場合は、事実関係をあまり詳しく訊かない方が良いということがあります。特に、知的な問題や認知機能の問題があると思われる場合や児童・生徒の場合には、事実関係を詳しく訊くことは禁忌です。訊くことにより記憶が汚染される危険が大きいからです。汚染されていないとしても、事実関係に争いがある場合には汚染された可能性があるとして

20

係争相手からの攻撃の的になります。被害に遭って、それを相談したいと思っているということが確認できたら、それ以上は踏み込まずに性犯罪聴取の専門機関に任せるのが、結果として相談者の利益になります。

　相手のためになりたい、相手のために何かできることはないのかといった気持ちを抑えるのも相手への支援であり、ケアであるという被害者支援特有のパラドクスを知って対応するのがプロフェッショナルなのだと思います。


## (3)聴く側のダメージ(二次受傷)

　想像したこともないような悲惨な出来事に遭遇すると心も身体も対応しきれません。

　それを目撃したり、誰かから聞いただけでも同じことが起きます。被害者からの相談を受ける側も話を聞いてショックを受け、その影響で心身に不調を来すことがあります。

　こうしたいわゆる二次受傷は、一次受傷と同様、起きて当然です。二次受傷の予防や重症化防止は、まずは、人としてショックを受けるのは当たり前だし、ショックを受けたら心や身体が何らかの反応をするのが当たり前だということを確認するところがスタートとなります。

　そのためには、前項で挙げたトラウマティックな体験の後に生じる可能性のある症状についてあらかじめ知っておくことが有効です。

わけが分からないままに想定外の症状が出てしまうと慌てますし、ややもすると自分の心が弱いとか耐性がないとか、あるいは被害者とかかわる仕事への適性がないなどと思ってしまいがちです。「そういう症状が出るのが当たり前のこと」として捉える準備ができているだけで、気は楽です。また、「これは二次受傷だなぁ」と認識することにより、自分の内面とではなく症状と戦うことができます。この戦い方のほうがはるかに楽です。トラウマ的体験により引き起こされる症状にはどのようなものがあるかの知識は、相談をしてきた方に対してばかりではなく、自分のためにもなります。

　また、重い話を聴くことはストレスですが、聴くことにより相手のストレスの一部を吸収する仕事をしていると思うと、相手の体験に対しても自分自身の体験に対しても心理的距離を保ちやすくなります。共感する自分若しくは同情する自分が半分、残りの半分の自分は、聴くという仕事をする自分というイメージでしょうか。

　重い話はもちろんそうですが、他人の秘密を知ってしまい、それを自分の中に留めておき、決して他言しないというのも結構なストレスです。ストレスは、ほかの人に聴いてもらえれば軽減しますので、職場内で同様の経験をしている同僚や上司に話の内容や自分の気持ちを聴いてもらうというのはとても効果的です。コーヒーブレイクや終業時の情報共有の時間がそうした機能を持つよう職場環境を整えていくことが望まれます。知り合いのトラウマケア専門の先生や性

犯罪者治療をしている先生に自分自身のケアはどうしているのかと尋ねてみたのですが、そういう専門機関にはたいてい同職種の人が複数いて、事実上のピアカウンセリングができるようになっているとのことでした。一人職場などでは、一人職場の人同士のつながりを持つ機会を定期的に提供するといったことで代替できると思います。

　いわゆるオン／オフの切り替えを促すような生活パタンを工夫するというのも良いでしょう。ただし、職場外で「飲む」を含むオフ会は言うまでもなくご法度です。飲んで他人に聞こえる環境下で、つい余計なことを話してしまってオオゴトになった例もあります…。

　体験したこと、聴いたことを忘れることは難しいです。それどころか、忘れようとすること自体が思い出すことに等しいので、逆効果です。ですから無理に忘れようとするよりも、日常生活を規則正しく行うこと、趣味や仕事など、何も考えずにそのことに没頭できる時間を作ることなどして、その波及効果により忘れることを期待するほうが良いです。そうやって時間をやり過ごすことが結果として症状を軽減させる場合が多いです。

　また、即時的な対症療法としては、リラクセーションがあります。ゆっくりと深呼吸をするのが最も簡単で効果的です。また、思いっきり背伸びをして急に脱力する、思いっきり握りこぶしを作ってパッと脱力するとかもリラックス効果があります。

## (4)急がば回れ／とりあえず最後まで聴く

　順序良く整然と話す人など滅多にいないです。自分の普段の会話を振り返ってみてください。きっと話はあちこち飛んでいます。それでも会話が成立して相手と分かり合えているのは、会話の背後にある経過や事情についての情報を共有しているからです。普段の会話では、あれだのそれだのと言われても、なんとなくあれやそれが指すものを想像できたり、完全には相手と共有できない情報を含んだりしながらも、「大体分かる・想像できる」という程度のかみ合わせで会話が進んでいるのです。

　初対面の人や自分のことを良く知らない人に対しては、日常会話モードとは違うモードで話すのが一般的なのですが、相談場面では、そうでもない人もいます。社会的な場面で話す経験が少ない人にそのような人が多いようです。また、そういう人に限って、他人に話すことに苦手意識を持っていることが多いです。

　話を順序良く話してくれない人は、往々にして、「相手は自分の置かれている状況に関する情報を持っていない」ということを忘れて話しています。事情が切迫していたり、話したいことがたくさんあり過ぎて整理が付かずにいて、「相手は知らない」という当たり前のことを忘れさせてしまっていると言えます。しかし、話してもらうこと自体が重要ですから、とりあえず、そのままに聴くことが優先されます。「前提となっている事情から先にお話しいただけますか」などと求めると、順

序良く話すことや整合性のある話し方をすることが優先されて、結果的に相談者の言いたいことが言えなくなってしまったり、聴く側にとっても必要なこと・重要なことが聴けなくなってしまいかねません。

　最後まで聴けば、初めのころわけが分からなかったことが分かってくることが多いです。相手のペースで話してもらって、ある程度のところで、こちらが話を整理する・要約するという作業をすると良いでしょう。そのうえで補足の質問をすることで、結果的に最も効率的に話が聴けることが多いですし、何よりも相手の満足感が違ってきます。ひいては相談機関や相談自体への信頼度も高まり、その後の相談が円滑に進みやすくなるものと思います。

　話の全体像がおおむね把握できてから質問をするほうが良い理由はもうひとつあります。

　それは、質問と回答の繰り返しをすると、こちらの知りたい情報は効率よく得ることができる一方で、相手の言いたいことを聞けないで終わることになりかねないということです。訊かれていないことは答えられません。訊かれていないことに大事な何かが隠されていることは往々にしてあります。「なぜそれを言わなかったの？～だって訊かれなかったもの」とならないようにしたいものです。

　それからもうひとつ大事なことは、「分からない」、「忘れた」を率直に言ってもらえる雰囲気で話を聴くことです。「分からない」ことや「忘れた」ことを、前後関係等から無理に思い出してもらうと事実が歪んでしまうことがあります。また。案外、

話してもらっているうちに忘れたことが思い出されることが多いです。相談活動とは関係ないかもしれませんが、「分からないはずがないだろう」、「忘れるはずがないだろう」という高圧的な取り調べはもちろん、自分の言っていることを整合性のあるものにしないといけないという思い込みをさせるような聴取方法も、聴取内容を真実から遠ざけます。

蛇足ですが、子育ても急がば回れかもしれません。相手のペースで聴くとか、待つとかは、言うのは簡単だがやるのは難しいものの代表だと思います。


## (5)傾聴とは

「傾聴」は相談担当者の基本姿勢の最たるものとされます。傾聴を適切に実践するために、傾聴とはどういうものかを今一度よく考えてみたいと思います。

教科書的には、『「相手の立場に立って、相手の気持ちに共感しながら」、「相手の言うことを否定せずに」、「相手の言うことに積極的に」耳を傾ける』などとあります。また、「聴」の文字を分解して、「耳だけでなく、耳＋目＋心できく」などという解説もあります。説文解字や字源の説明とは違いますが、なるほどと思わされる解説です。実際のところ、「聴」はもともと声としては聞こえない神の意を聴くという意味らしいので、案外核心を突いた解説かもしれません。

相談において、一般的な「聞」ではなく、わざわざ「聴」という漢字を使うのは、「聞く」とも「訊く」とも違う行為であることを強調しているということは容易に想像で

きます。

「訊く」は英語では、"ask, question, inquire：尋ねる、質問する"であり、「聴く」とはかなり意味が違うことはすぐに分かります。他方、「聞く」は一般的な用語であり、「聴く」の意味も包含する場合もありますので、大きな違いはないように思えます。が、あえて違いを強調すれば、「聞く」は英語では"hear"に相当し、「意識せずとも聞こえてくるものを聞く」であり、これに対し、「聴く」は英語では

"listen"に相当し、「意識して積極的に聴く」となります。「聴」という漢字を使うことにより一生懸命に聴こうとする姿勢が強調されることになるわけです。

しかし、相談において一生懸命に「聴く」こと以前に確認しておかなければならないことに、相談はもとより、話すという行為は、聞（聴）いてくれる人がいないと成立しないという事実があります。聞（聴）いてくれる人がいて初めて話すことができ、話すことにより気持ちが楽になったり、自分の考えを整理できたり、新しい気付きを得たりすることができます。また、会話は、一方が話し手、他方が聞き手となることによって成立します。話すという行為には、「聞いてください」という命令やお願いの意味が自動的に伴っており、一方が話せば他方が必然的に聞（聴）く役を担うことになります。逆に「聴く」という姿勢は、相手の「話す」を促します。したがって、もし聞（聴）き手が話し手に変わったら、それまで話し手だった人は聞（聴）き手に回らざるを得なくなるわけです。ですから、相談においては、「聴く」の立場を維持し、なるべく自分のことは話さないほうが良いとされるの

です。

　話すことにより、自分の思考や感情が整理されたり、新たな気付きが得られたりします。ある程度の健康性を持つ人は、誰かに話を聴いてもらうだけで、つまり、アドバイスなどを受けることがなくても、問題を解決する糸口を見つけることができます。

　他方、「聴く」のみに徹していては、相手に考えの整理を促すことや堂々巡りの思考や硬直した思考に新しい視点を与えるといったことがうまく進まず、滞ることがあります。一生懸命に相手の話を聴き、相手がすっかり話を終えたと思えたタイミングで、「訊く」ことが重要となります。これをきっかけには新しい「聴く」が始まるのであり、相手の思考はさらに整理され、方向性が明確になるのです。

　相談の実を上げるには、傾聴の中にどういうタイミングでどういう「訊く」を挟み込むかにあると言えます。傾聴だけで相手が自然に解決策への洞察に至るのは理想ではありますが、現実にはそのようになるとは限りません。十分に聴いて、そのうえで訊く、そして再度聴くというパタンを何度か繰り返すうちに気付きや洞察が得られることが多いです。

　電話相談や相談室等での電話受付、あるいはインテーク面接では、その主な目的は、相談の入り口に招き入れ、相談の道筋を付けることでしょうから、一層、聴くだけでなく「訊く」が重要になってきます。そして、その「訊く」は、しっかり「聴いた」うえで「訊く」ことにより、意味のあるものになるのだと思います。また、その

際の訊くは、相手の意向を実現するための「訊く」であり、その意図が伝わっていれば、質問に対する回答は抵抗なく出てきて、その内容も妙な思惑を含まない建設的なものとなります。

カウンセリングは、「聴くに始まり、聴くに終わる」などと言われますが、具体的な問題の解決を一緒に考えるには、「聴くに始まり、訊くに終わる」も頭に入れておかないといけないのかもしれません。


### (6)他者視点を持つということ

他者視点を持っていることは非常に重要ですが、他者視点を持っているだけでは足りず、こちらが相手の立場や心情に思いを致そうとする視点を持っていることを相手に伝えることも大事です。それにより相手は安心感、信頼感を持ってくれます。

また、他者視点を持つこと(を相手に伝えること)は、相手への尊重や配慮につながります。

誰でも根掘り葉掘り訊かれたり、強制的に何かを言わされたりするのには抵抗感を覚えます。自分の裁量権、主体性を侵されたくないのです。ですから、答える／答えないや、答え方の任意性を担保したうえで質問することは、相手を尊重している／大事にしているという気持ちを伝えることにつながります。具体的には、「可能であれば教えてほしい」というような前置きをする、先に質問する理

由を説明してから質問する（特に個人情報を訊く場合）、プライバシーを話し過ぎる相手に対してそこまでお話しいただかなくても大丈夫と伝える、電話相談において、「今は発言の内容が誰にも聞かれずに済む状態ですか」と確認するなどです。

　他者視点でもうひとつ大事なことは、相手は相談するか否かを逡巡したうえで勇気をもって電話してきたかもしれないとか、たらいまわしされた挙句にここに行き着いたのかもしれないとか、「お役所」のようなところには苦手意識を持っているかもしれないとか、そもそも話すのが苦手な人かもしれないとか…、と想像しながら聴くことです。ハードルの種類はそれぞれでしょうが、相談してくる方は、皆高いハードルを越えて電話してきていることを忘れないようにしたいものです。

　また、専門用語や部内でしか通用しない用語を使われると、相手は自分の立場を分かってもらっていないとか、自分を大事にしてもらっていないと感じてしまいがちです。できるだけ平易な言葉で話すことが重要です。しかし、かといって回りくどくなったり、子どもに言って聞かせるようになっては逆効果です。また、相手の年齢や背景文化によっても分かりやすさは違ってきますから、相手により言い方を柔軟に変えることも求められます。言い換えのレパートリーを増やすよう努めたいものです。レパートリー増加に一番手近な方法は、先輩、同僚の工夫を借用して自分用にアレンジすることです。その意味でも研修や情報交換は重要です。ただし、先輩等のやり方をそのまま真似るのはお勧めできません。

自分の性別・年齢・見た目などに合わせたアレンジを施し、借り物の言葉としてではなく自分の言葉として使いこなす必要があります。

　他者視点を持つこと自体も難しいのですが、そのことを学生や経験の浅い専門職に伝えるのもまた難しいです。天に唾するような物言いではあるのですが、相手の立場に立って考えましょうと言っても、それが頭では分かるけれど実際には良くは分かっていないレベルに止まりがちだと感じることが間々あります。こればかりは、相手の立場に立って云々というお題目を唱えていてもラチがあきません。相手のことは知らなくても、自分のことや自分の経験したことなら実感を持って感じることができますから、最近は、学生などに対しては、自分だったらどう思うか・感じるか、親など自分のよく知っている誰かだったらどう思うか・感じるかという視点を与えるようにしています。彼女（彼氏）とのデートでその言い方をされたら…、彼女（彼氏）の家に行った際の会話だとしたらそれはどういう意味に捉えられるだろうか・・・という感じです。

　他者視点を持つとは言っても、そのスタートラインは、自分をしっかり振り返る、自分の内なる動きをしっかりと把握しようとするということになってしまうのは、面白いところです。対人援助職のスタートラインは自分を知ることである、のは当然の帰結だと思われます。

## (7)もう一人の自分

　「私、失敗しませんから！」と言えればカッコイイのですが、おそらくどんなベテランでも、頻度は減るとしても失敗はすると思います。少なくとも相談業務ではそうです。ベテランとビギナーとの決定的違いは、失敗の有無、頻度ではなく、失敗したときにすぐにそれに気付いて軌道修正できるかどうかです。

　失敗に気付くためには、相手と対する際に、相手を見ている自分のほかに自分自身や自分と相手との関係性を見ている「もう一人の自分」がいる必要があります。誰しも幼い時分からそういう「もう一人の自分」を持っていると思います。もう一人の自分が自分を見ているからこそ、また、自分を見ているもう一人の自分を意識するからこそ、自分の行動をコントロールでき、ひいては自分というものを育て得ると言えます。もう一人の自分を育てるには、誰かに自分の相談の様子を見てもらう／聞いてもらう、あるいは自分の相談を録音等して自分で確認してみることが役立ちます。

　人は皆、無くて七癖です。自分を観察することにより自分の癖を知ることは大事です。

　直したほうが良い癖もありますが、あまり弊害がなく、むしろ効果的に機能する癖もあります。癖の中には、安心感を醸し出す、適切な「間」を作るといったことに効果的なものもあります。生まれ育った地域の言葉のイントネーションも相手に誤解を生じさせるようなものでなければ、親しみを与える効果があることが多

いようです。

　また、自分と同年代や同一生活文化圏内の「普通」が、そうでない年代の人や文化背景の人には普通ではなく、むしろ失礼に感じられる場合があることも心しておきたいところです。友達にならOKだが、年長者にはNGだという言い方や、身内にはOKだが部外者にはNGだという言い方は多いです。かと言って、身に付いていない敬語や丁寧な言い回しを無理して使うのもどうかと思います。もちろん敬語を適切に使うことはとても重要です。相手への尊敬・敬意にも通じます。しかし、使い慣れていない敬語は咄嗟のときにうまく使えないことがあります。舌がもつれてしまうような敬語だったらむしろ使わないほうが無難です。敬語を使わなくても相手を尊重していることは伝わります。無理して敬語を使っている若者を見ると、「可愛い」、「がんばっている」と思うこともありますが、真剣に相談している人には頼りないという印象を与える可能性が大きいです。身に付いた言葉を使うこと、敬語や相手を尊重する言い方を身に付けることが大事です。

　学ぶは、古語では「真似」ぶであり、学ぶことの初めには真似をするということがあると言われますが、それは学ぶプロセスのことを言っている言葉であり、相談業務においては、安易にプロの真似をすることはかなり危険です。前節で述べたことの繰り返しになりますが、特にベテランの誰かの癖を真似るのは考えものです。癖というのは、性別、年齢、声色などのトータルであって、また、その人

の人柄や雰囲気にしっくりきているものですから、それを他人が真似ても真似しきれず不自然になってしまいます。関西弁を真似た似非関西弁が妙に聞こえるのと同じです。

「分かったと思ったときが分からなくなったとき」のテーマで、分かりきるということはない、分かるとは、自分の理解の枠組みの中に相手を押し込めることだという意味のことを述べたのですが、それ以前にそもそも自分のものの見方が偏っていたのでは話になりません。見方の偏りは見方の癖と言ってもいいかもしれません。例えば、英単語を多く含む話し方をする人を見て、自分がその人を教養溢れる人だと見る傾向があるのか、気取っているとか、煙に巻こうとしていると見る傾向があるのかといったことです。

人や物事を客観的に見ることができるに越したことはありませんが、そもそも物事を客観的に見ることができると思っているほうが間違えているという考え方も重要です。お釈迦様ならぬ身にはすべてが曇って見えていると言って良いかと思います。であれば、自分の物の見方はどの方向にどの程度歪んでいるかを自覚して、評価を後から補正するほうが合理的・現実的だということになります。


## (8)支援の形

2024年は能登半島地震と羽田空港での衝突炎上事故で始まりました。過去の例に倣い、必要な支援が迅速に展開されているようですが、実情に応じた実

効性のある支援を行うことが望まれます。また、息の長い支援とすることも大事だと思います。

　ところで、支援の形にはいろいろあります。お金や物を提供するのも、相談に乗るのも、何かの主張に賛同して署名するのも、黙って見守るのも・・・、すべて支援です。

　辞書的な意味はさておき、支援という語は援助と似ています。援という文字は共通です。援く（たすく）は、助けるという意味ですから、援助は助けるということを強調している語だろうと思います。実際の用例では経済的援助に関係するものが多い気がします。一方、支援には、援助にはない「支える」という文字が入っていて、助けるという文字が入っていませんので、支援は、要／求支援者が主役でその人たちが本来あるべき方向に進めるほうに支え、助けるというニュアンスがあるのではないかと思います。こじつけっぽい理解だとは思いますが、なぜ援助交際は「援助」であって「支援」ではないのかという問いの答えのひとつにはなりそうです。

　この理解で良いとすれば、支援においては、要／求支援者のニーズを的確に把握し、これに効果的に応じることが重要となります。自然災害の場合には、被災者の支援は、まずは負傷者の救助、治療と被災者の安全確保が優先されます。次に、避難者の当座の生活に必要な衣食住医療の提供が優先されます。自立して安定した生活をするための支援はその次の段階になろうかと思います。

生きんがための闘争に全エネルギーを投入しているときは、悩んでいる暇や余裕はない人が多いはずです。ですから、被災当初の段階では、支援は精神面のそれではなく、物資と労力によるものが優先されます。精神面の支援はやるとしたら、その時点でのストレスや緊張を和らげるなど、生理的・身体的な面に関するものとなります。

　このように支援ニーズは状況により変わってきます。と同時に、要／求支援者の特性によっても変わってきます。持病・障害の有無、性別、年齢・・・それぞれに必要な支援があります。個々人がその置かれた状況において何を一番必要としているのかを見極めないと的確な支援ができないばかりか、かえってありがた迷惑になりかねません。

　要／求支援者が何に困るかを想像することは大事ですが、想像できる範囲は限られます。当事者や関係者に尋ねてみるのが一番です。

　視覚障害のある方の支援をしている臨床心理専門職の先生(注)からうかがったのですが、視覚障害者の大多数は、心理的支援よりも普段の生活をより不便なく送れるようになるための支援、誰かの支援なしに自力で生活をいけるための支援を求めるそうです。

　こうした視覚障害者のニーズに応えるには、道具の提供とその利用法の教示が非常に有効で、特に、スマートフォン（iPhoneが最も良いようです）やPCの機能を最大限に活用するスキルを身に付けることが重要だそうです。具体的には、

OKグーグルやSiriの自然言語処理アプリや、PC等の音声入力・音声出力を使いこなせれば、ものすごく生活が楽になるそうです。便利な文明の利器はほかにも色々あるそうです。

　また、日常的に使用する生活用品にも工夫の余地は大きいそうです。シャンプーとリンスのボトルのうち、シャンプーのボトルの側面にだけギザギザがついていることなどにみられるユニバーサル・デザインが身近な例です。これにより目をつむっていても両者の区別ができます。お盆の縁を高くすることでお茶などをこぼしても被害がお盆の中だけに止まるようにする、ごはん茶碗やまな板の色を黒にすることで白っぽい料理や食材（代表が白米）が見えやすくなる、物の定位置（例えばテレビやエアコンのリモコンの位置）を決めておく、砂糖と塩の容器の肌触りを変える、醤油の容器をワンプッシュ式のものにして出し過ぎを防止するなどなどです。

　ほかにも、健常者には、言われてみないと気付かないことが多いです。例えば、視覚障害のある方の自身のヴィジュアルへのニーズです。眼鏡は安くて高性能であるだけでなく、色やデザインも大事である、視覚障害と思われたくないから白杖は持ちたくない人もいる（持つとしたら折り畳み式が良い）などです。支援する側は、“相手のことを思って”、機能優先、低コスト優先、安全優先で提案しがちかもしれません。が、それは相手のニーズうちの優先順位2位以下の場合も多いのです。

相手のニーズに沿う支援とは何か？常に問い直し続けていかないといけないようです。そして、率直にニーズをうかがうというとても初歩的なことを忘れてはいけないようです。


注：東京視覚障害者生活支援センターの公認心理師／臨床心理士の中津大介先生


## (9)アドバイスは難しい

相談を受けると、相手に相談して良かったと思ってもらえるようなよいアドバイスをしないといけないと思いがちです。それが相手のニーズに沿うことになると思うからです。

しかし、(5)で述べたとおり、相手のニーズをこちらの価値観に基づいて勝手に読み取るのは危険です。また、相手のニーズを額面どおりに受け取ることができないときもあります。「私は〇〇をしたいと思っているのですが、どう思いますか？」という問いがあったとき、〇〇をしたいというのが本人の中ではすでに決定事項となっていて、自分の考えを第三者にも支持してもらいたい場合や、自分の考えの正しさを確認したい場合があります。客観的に見てその考えで問題ないだろうと思えば、「ご自分でしっかりと考えた末の結論であるならお考え

のままに行動すればよいのではないですか」と答えることになると思います。しかし、相手の問いに、自分の判断に自信がないからこちらに判断をしてほしいという思いが含まれていることや、自分の判断の適否に関する責任のいくばくかを負ってもらいたいという思いが含まれていることもあります。

　相談の流れやその場の雰囲気から相手の真意を汲み取ったうえで返事をしないと、思わぬ落とし穴にはまることになります。「先生も賛成したからやったのにうまくいかなかった」となりかねません。より極端な例は、「どうしたらいいですか」という問いに対してなにがしかのアドバイスを受けた後に、「先生の言うとおりにやったのにうまくいかなかった」となる場合です。

　アドバイスをする際には、そのアドバイスには一定の責任を伴うことを十分に認識することが必要となります。また、判断や行動の主体は質問をした側であることを互いにしっかりと認識できるような方向付けも必要です。そして、アドバイスをする場合に、それは個人的意見であり、その意見を取り入れるかどうかの判断は相手が自分の責任でするべきであることをしっかりと伝えることにも重要となります。

　学生のころ、社会人の先輩がもっと上の大先輩に「〇〇の人（いわくありげな人）と結婚したいと思っているのだけど、どう思いますか？」と相談する場面に居合わせたことがあります。そのとき大先輩は、「お前は、俺が『（結婚したら）いいんじゃないか』と答えるのを期待しているかもしれないが、俺はお前の結婚には

責任は持てない。自分の一生の大事は自分で決めろ」と突き放しました。私は
それを見て、それこそが本当に誠実な対応だと思ったのを思い出します。

　しかし、一方で、アドバイスを求められたときに、質問や要望から「逃げている」
と思われてしまっては、相手のニーズに沿わないばかりか信頼関係を壊すこと
になりかねません。

　「先生はどう思いますか」という質問があったときに、「あなたはどう思うのです
か」という逆質問をしたり、「あなたは私がどう思うかを知りたいのですね。私はど
う思っていると思いますか」というはぐらかしを行うのも同じです。事情によって
は、そのような対応こそが適切である場合もあるでしょうが、相手のニーズに沿う
という点では望ましいとは思えません。また、具体的で答えのはっきりしている
質問には答えられる範囲で答えるべきだと思います。例えば、教員になろうと思
うが高校には行きたくない場合にはどうしたら良いかという相談があったら、教
員になるためには教員免許状が必要で、教員免許を取るためには教職課程の
ある大学・短大で所定の単位を取得することが必要であるから、通信制などでも
良いから高校を卒業するか高卒認定試験に合格する必要がある、もし、大学に
行かないのであれば、学校の教員以外の塾の教師などを目指すことになる、と
制度的制約を明確に教示し、それに基づく選択肢を具体的に提示して自分で
考えるように方向付けるのが親切です。「先生は食べ物では何が好きですか？」
と問われれば、端的に好きなものを答えて、次の話題に移るか、または答えたう

えで、なぜ好きな食べ物に関心があるのかを話題にすることになると思います。

　一方で、アドバイスすることのマイナス面を強調する方ともお会いしたこともあります。その方は、あるピアグループを主催している方で、「うちの会は、絶対にアドバイスしないという約束の下でミーティングを行っています」とおっしゃいました(注)。理由は、参加者は皆、アドバイスされるようなことはすでに全部やっているし、もし、自分で試したことのないことのアドバイスであったとしても、「そうすればよかったのか？」「自分はなぜそれに気付かなかったのだろう？」と自分を責めるだけになるだけで、今となっては意味がないから、というものでした。親切から行うアドバイスが自分への非難に聞こえてしまい、傷付いてしまうだけだから、傾聴に徹するとのことでした。

　アドバイスはしないほうが良い場合も、相手のニーズに沿うためにはしたほうが良い場合もあり、そしてアドバイスするとしても相手の主体性を損なうことがないようにしなくてはなりません。アドバイスは難しいです。

　そこで大事になるのは、相手の話をよく聴いて、相手の状況やニーズをしっかり理解することとなります。アドバイスは難しいは、「聴く」は難しいにつながります。


　注：あめあがりの会（正式名称は、「『非行』と向き合う親たちの会　あめあがりの会」　1996年設立）の春野すみれ代表

## (10) 負のスパイラルからの脱出

　これまでのまとめの意味も含めて、改めて相談するとはどういうことかを考えて
みたいと思います。答えのないテーマかもしれないのですが、ここでは、相談す
ることは悩みという負のスパイラルから脱出するための一手段という面に着目し
たいと思います。

　話は突拍子もないところから始まるのですが、世界で初めて国立公園に指定
されたイエローストーン国立公園では、1926年にオオカミが密猟等により絶滅
したことにより、オオカミの狩りの対象となっていた大型のシカのエルクが増え、
増えたエルクは草原や樹木の若芽や樹皮を食い荒らし、草原や森が貧しくなっ
たそうです。また、コヨーテも増え、その獲物となる小動物が減り、さらにそれを
獲物としている猛禽類や小さな肉食動物が減るといった生態系の変化が生じた
そうです。そこで、1995年に絶滅したオオカミをカナダから再導入したところ、
生態系が元に戻ったのだそうです。

　生態系の変化は下流での洪水の増加という問題をも生じさせているのですが、
洪水の増加には、オオカミの絶滅 ⇒ エルクの増加 ⇒ 草原や樹木の食害
／特に柳の減少 ⇒ 柳を材料にしてダム（巣）を作るビーバーの減少 ⇒ ビ
ーバーダムの減少 ⇒ 公園の保水能力の低下（併せて魚の住処、小動物の
住処の減少） ⇒ 下流の洪水という原因と結果の連鎖が認められたとのことで
す(注)。こちらのほうもオオカミの再導入により元どおりになったそうです。

まるで風が吹けば桶屋が儲かる、のような話です。相談の解決にも案外、そんな直接的には関係のないような事態の変化が奏功することは良くあります。例えば、不登校で悩んでいる家族が一生懸命に登校を促しているうちは子どもは登校せず、諦めて何も言わなくなったら登校するようになったとか、夫婦喧嘩が絶えなかった夫婦が子どもの問題行動をきっかけに仲直りしたとかという例がそれです。

　何が奏功するか分かりません。何がどういうメカニズムで効果を持つに至ったのかは分かりませんが、煮詰まってしまって、妙な具合に固定的になっていた親子関係や夫婦関係に変化が生じたということだけは確かのようです。つまり、同じことを繰り返していたのでは、負のスパイラルにハマルだけになり、別のことをすることがスパイラルから脱出につながるということです。

　相談をするということも、今までとは違うことをすることのひとつですし、誰かと誰かの関係性の中に相談担当者という第三者を介させることにより従来の関係性に変化が生じます。相談することの第一の効用は、案外、相談の内容ではなく、相談する自体にあると言えるかもしれません。

　であれば、相談を受ける側は、悩みや不満に耳を傾け、これを受け止めるとともに、負のスパイラルを形成しているはずの言動を別の言動に置き換えることを勧めるのが有効となることになります。自分自身の問題点を振り返って反省しろと言われたら嫌ですが、事態を打開するために、昨日までと違ったことをやる

のにはそれほど抵抗は感じません。先の例のような不登校や夫婦関係の例で私がよく勧めるのは、散歩、趣味の会への参加です。煮詰まった関係以外の人間関係や生活時間を持つこと自体が巡り巡ってターゲットとなる問題を解決することはよくあります。閉鎖系の関係性（システム）に別の要素を入れるだけで、開放系の関係性（システム）に変わるとも言えます。

　また、負のスパイラルには、言われたらやりたくない・従いたくないという、自分自身の内面に生じる煮詰まった状態でも生じます。反省を求めても反省すること自体に抵抗を感じるとか、反省の弁を述べたら負けだと思っているという類です。

　こうした場合には、対立の対象となっている人やことに対する不満をひたすら聴くことが大事です。言っていることに矛盾があるとか、言っていることがあまりに自分勝手だと思ってもそれはおくびにも出さずにただただ聴きます。あなたの言っていることは分かるが、相手の立場も考えてみたらいかがかなどと指摘するのは、新たな反発や不満の種を与えるだけとなります。これも傾聴の一種と言えるでしょう。

　聴くのには結構根気が要りますが、この種の人はたいていこちらの言いたいことや自分にも非があることは最初から分かっています。「分かっている」と認めたくないだけです。しかし、面白いことに不平不満を言い切ってしまうと、ふと「本当は相手には悪意はないと思うのですけどね」「自分のことを思って言ってく

44

れているのだと思うのですけどね」といった言葉が口をついて出てきます。待つことが大事です。待てないとすぐに負のスパイラルの渦中に戻ります。経験上、待てるのがベテラン、あと少しが待てないのが職業意識旺盛なビギナーです。

　重篤な精神障害でもない限り、皆、自分の問題に気付く力や自分を変える力を持っています。それを信じ、かつ信じていることを相手に伝えるのが負のスパイラルからの脱出の基本と言えるような気がします。


　　注：メカニズムには異論もあるようですが、オオカミ再導入によりビーバーダムが復活し、公園の保水能力も向上したことは確かなようです。

## 5 相談から見えるもの ～普通に生きるのは難しい

　この章では、日ごろの心理相談を通じて気付かされることを中心に述べてみたいと思います。


### (1)リアルおままごと

　漫画「クレヨンしんちゃん」のネネちゃん(桜田ネネ)は、しんちゃん(野原しんのすけ)たち、ふたば幼稚園ひまわり組の同級生を仕切って、「リアルおままごと」をするのが大好きです。リアルおままごとでは、ネネちゃんの家庭の様子が文字どおり「リアル」に映し出される(と思われる)シーンが多いのですが、定番は、ネネちゃんがイライラしたときに、大きなうさぎのぬいぐるみを激しく殴りつけるシーンです。いつもは「ぶりっ子」のネネちゃんが凶暴な女の子に豹変するのですが、これは普段はとても上品なお母さんとそっくり同じです。ネネちゃんのお母さんもイライラが頂点に達すると豹変するのです。

　漫画では豹変ぶりが誇張されていますが、普通の人にとっても結構「アルアル」であるところが読者の共感を呼ぶところです。人は、①皆、二面性を持っている、②イライラすると怒りっぽくなる、③イライラは、ネネちゃんのようにモノに当たると多少解消されるということに関しては、おそらく皆が同意するでしょう。

イライラや憂さを酒で紛らわせるという人もいるでしょうが、これについてはひまわり組の担任のよしなが先生が派手に実践してくれます。彼女は酒を飲むと暴れる癖があります。これもちょっと「盛った」リアルです。酒癖に関しては、暴れだす人のほか、笑いだす人、泣きだす人、絡みだす人などは確かにいて、身近な誰かが目に浮かびます。

　しんちゃんのお母さんのみさえは、ときどきヒステリーを起こします。お父さんのひろしは、しんちゃん同様若い女性を見かけると鼻の下を伸ばします。子どもたちは皆想像力豊かで、純真無垢な正義感を持っています。「クレヨンしんちゃん」には、人のいろいろな面が映し出されています。

　最初は、「クレヨンしんちゃん」から思い付いたことを述べます。


　まず、子育てについてです。私が受け持つ相談には子育てに関するものも多いのですが、小学生くらいの子どもの相談はプレイセラピー（遊戯療法）を基本としています。プレイセラピーは、「リアルおままごと」と同じ匂いがします。例えば、子どもがお母さん役になり、お人形をかいがいしく世話したり、時にお説教をしたり、叱ったり、叩いたり・・・、人形同士の戦いで、小動物や自分の好きな動物が、ゴリラやライオンといった強い動物をやっつけたり・・・、強い動物が案外間抜けで、弱くてかわいい小動物が賢かったり・・・。これらは、家庭の中での出来事をプレイの中で再現しているとしか思えないものです。そこで発せられるセ

リフがお父さんやお母さんが発しているものに違いないからです。

　また、サンドバックを思いっきり殴り続けたり、大きなぬいぐるみやボールプールに長いこと身を委ねていたりするのが大好きな子どももいます。普段したくてもできないことをプレイルームの中でしていると思うのが自然です。さらに、何かやる前にいちいち必ずセラピストの許可を求めたり、まるでセラピストの反応を試すように、わざとセラピストの嫌がることを何度も繰り返したり、逆にやたらとセラピストの顔色をうかがったり・・・といったこともよく観察されます。これもおそらく普段の親や大人への態度なのでしょう。

　プレイの様子からは、子どもが親に甘え足りていないらしいこと、親の愛情を兄弟姉妹と奪い合っているらしいこと、子どもが親の支配や干渉に不満を抱えているらしいこと、子どもなりに親の心理状態を敏感に感じ取っているらしいことなど、そして、夫婦関係の機微までもが何となく想像できます。

　子どもはプレイの中でストレスを発散しています。そして、自分の体験を再体験することで、モヤモヤする気持ちを整理したり、納得させたり、あるいは親の気持ちを推し量ったりしています。遊びは子どもの心理的健康の維持・増進には必要不可欠のものだと実感します。

　ですから、子どもの遊びが足りていないと思ったら、自分の家庭のリアルを第三者に知られてしまうのを嫌がらずに、家庭とは別の人間関係の中で遊ばせることをお勧めします。相談室内のプレイルームでなくても幼稚園や学校の休み

時間でもいいでしょうし、児童館やお友達の家でも良いでしょうし、おじいさん、おばあさんや親戚の家でも良いでしょう。

　子どもの自己治癒力や成長力には驚くべきものがあります。期間の長短はありますが、相談室に来る子どもたちは皆、過剰にはしゃいだり、過剰に委縮したり遠慮したりすることが徐々に減っていき、自然な生き生きとした感じを取り戻します。それと同時に、例えば、どうしても学校に行かなかった子どもが「そろそろ学校へ行こうかなぁ」とか「運動会には行ってみようかなぁ」と言うなど、問題とされていた行動にも変化が見られるようになります。

　また、進級・進学、誕生日、月替わりといった節目が行動の変化を後押しすることがよくあります。おそらく子ども自身も漠然と「このままではいけない」と思っていて、過去のリセットとリスタートのタイミングをうかがっているのです。親は、子どもはいつか羽化して蝶になると信じて、さなぎの時間を待つのが、結局は一番良いと思えることが多いです。しかし、待つことは難しいです。ですから、待つことに寄り添い、支えてくれる人や仲間がいることが大事になります。

　忘れてはいけないのは、いつか子ども自身が問題から抜け出せるのは、子どもが自分という存在を丸ごと受け入れてもらえる経験をし、自由にふるまうことができ、こころのわだかまりやモヤモヤを遠慮や忖度なしに表現することにより、初めて実現するということです。

　リアルおままごとは、子どもにとって大事なセルフケアであり、成長機会です。

## (2) 諦めさせるのが親孝行

　核家族化と少子化が進み、これに加えて、子どもと自分たちの将来への備え
に迫られる状況が重なり、子どもの住む世界は狭くなっています。「地域で子育
てをしましょう」などというスローガンを見ることがありますが、現実には、親子以
外の人間関係が極めて少ない子育てか、保育園と学童保育頼みの子育てを強
いられがちです。

　核家族化と少子化は、子どもが親の期待や価値観を直接的に感じる一方で、
それ以外の期待や価値観に触れにくい状況を作っています。おじいさん、おば
あさん、あるいは親戚の人たちにあって親にはなくなりがちなものは、「余裕」や
良い意味での「いい加減さ」です。親は進学、就職、会社組織内での競争、自
宅購入やローン返済・・・と、目標を設定し（設定され）、その達成に向かって頑
張ってきて、今もその真っ只中にいます。その頑張りは知らず知らずにうちに子
どもに影響しています。昔は、おじいさん、おばあさんがこっそりと甘やかしたり、
そんなに頑張らなくても結果に大差はないと教えてくれたりと、親の価値観以外
の価値観を示してくれていたと思うのですが、今はそういう機会は希少です。

　社会全体としても、短期的なスパンでの成果主義が前面に押し出され、目先
の目標達成に向かって頑張ることが求められがちです。自己責任論も日増しに
強まっています。そうした文化や雰囲気は子ども社会にも蔓延しています。相談
室に来る子どもたちは押しなべていろいろなことで同級生と比較して、どちらが

上かを気にしている感があります。

　親は、表向きは、子どもには子どもの人生を歩んでもらえれば良いなどと言います。しかし、心の底では、子どもに対してなにがしかの期待をしています。そして、子どもは親が何も言わなくても自分への期待をしっかり感じ取ってしまっています。例えば、習い事ひとつとってみても、音楽系、運動系、勉強系のうちのどれかに誘導するとしたら、それは親の意向の押し付けかもしれませんし、家に常に特定のジャンルの音楽が流れている、家に本がたくさんある、机がある、親がいつもPCで何か作成している、テレビで特定のスポーツを見ている、報道番組を見てコメントしている・・・といった家庭環境が子どもに影響を与えないわけがありません。

　また、友達が〇〇遊園地（娯楽施設）に行った、友達の家には自分の家にはない〇〇がある、友達が高価なおもちゃを買ってもらった、△△ちゃんの家は立派だ（大きい／小さい）、友達の親が自分の親を「先生」、「社長」、「課長」などと呼んでいるのを耳にした・・・といったことに敏感です。子どもはそのような体験から、自分の家の状況や親の社会的地位などに気付きます。つまり、「親ガチャ」から生じる彼我の差を感じるわけです。そして同時に、そうした中から生じる親の期待を感じ取っています。こうした事情を背景に、「できる子」でいないといけないと、知らずに知らずのうちに思い込んでしまう子どもが出てきます。

　実際、登園渋り、登校渋りで相談室に来る子どもたちの中には、幼稚園や学

校の発表会でうまくできそうもないとか、クラスでの発表がうまくいかなかったという ことをきっかけにそうなってしまっている子どもが多くいます。「できる自分」が傷付くのを恐れる子どもが多いのです。それだけ「できる自分」へのプレッシャーを感じているのです。念のため書き添えますが、プレイルームに来る子どもたちの親は決して教育ママ・パパではなく、「普通」です。家庭や地域、幼稚園や学校の文化がプレッシャーとなっているのです。

　親が子どもに期待をするのは当然ですが、そうした期待が子どもに自然に受け入れられているか、過度の負担となっていないかが重要なポイントとなります。その前提として、子どもは子どもなりに感じたり考えたりするということをしっかり意識し、その人格や独自性を尊重することが必要です。それができれば、親も余計なストレスを感じずに済みます。

　そこで表題の「諦めさせるのが親孝行」との出番となります。

　子どもが早い段階で親に「諦めさせる」ことができたとしたら、それは親孝行なことです。親は、所詮は自分の子どもだから、自分ができなかったことができなくて当たり前だと悟ること、または、子どもは別人格だから自分の期待など無視してくれて当然だと悟ることが必要です。もちろん、子どもが親の期待を自然に受け入れ、十分な適性や能力を持っているのが理想です。しかし、それは運次第です。「親ガチャ」と同じく、「子ガチャ」も否定しがたい事実です。

　相談を受けていると、そうした諦めの境地に至りにくい親（子どもとの間の分

化が不十分な親）は、自分自身の人生を自分なりに生きているのではなく、自分の人生を子どもの人生と融合させていることが多いです。つまり、精神的に十分に自立していないということです。とはいえ、「親は親、子どもは子どもと思って、親も自分なりの人生目標に向かって生活しましょう」などと言ったところで、一朝一夕にはできません。そこで、相談場面では、親に自分自身の趣味の時間を大事にしてみてはどうか、習い事やパート勤めをしてみてはどうか、と時間的・物理的に子どもと離れる環境を作ることを提案します。これは案外効果的で、喜ばれることが多いです。頭の中にある「子どものこと」がたとえいっときでも消え、悩みが軽くなるともに、子どもの側からみても、頼みもしない期待や心配をしてくれる親への意識を減じることにもなります。


　話が矛盾するようですが、子どもは他人だ、自分の期待どおりにはならないと諦めることは、自分の子どもだからそこまで悪いようにはならない、それなりの力はあるはずだと信じることでもあります。子どものことを心配する気持ちよりも信じる気持ちのほうが強く伝わるようになれば、子どもは自分で新しい一歩を踏み出せるようになります。無責任極まりませんが、最後は自分の子どもだから大丈夫だと信じるしかないと思います。

　きっと「クレヨンしんちゃん」の野原家でも、いたずらと憎まれ口ばかりのしんちゃんを、ひろしもみさえもこころの底では信じています。「クレヨンしんちゃん」は、

そんな信頼と愛情に満ちた家庭の雰囲気が読者や視聴者に共有されるからこそ、息の長い人気を誇っているのだと思います。


## (3) 子どもは3歳までに親孝行を済ませている

　この言葉は、帰国子女で、麻布・慶応に学んだ典型的「おぼっちゃん」でありながら、反社会的組織に加入し、犯罪を繰り返し服役し、のちに作家として大成した安部譲二氏の言葉です。

　親不孝の権化のような人が言ったのでは、ただの居直りにしか聞こえないところもあるのですが、それほどに3歳までの子どもは可愛く、その笑顔や日々の成長が親にとってどれほどの喜びであったかを思い起こさせる言葉として、これ以上のものはないように思います。親不孝の限りを尽くした安部譲二氏ですら、3歳までに親孝行を済ませているのですから、一般的な家庭の子どもでは尚更です。3歳までに十分に親孝行しているのですから、前回述べた「諦めさせるのが親孝行」はおまけの親孝行であり、諦めるのは親にとっては当然過ぎる義務ということになります。


　ところで、子育てには親子の相性がかなり影響します。「クレヨンしんちゃん」の野原家の親子の相性は抜群です。相互独立性が高く、かつ深いレベルで信じ

合っているからです。

　相性の悪い親子がいることは否定できない事実です。誰かとの相性が悪くても、大家族であれば、相性の良い大人を探すことができるでしょうが、核家族ではそうはいきません。相性が悪いと自覚しつつも閉鎖的な関係を続ければ事態が悪化・固着化するのは避けられません。早めに第三者を介入させること、具体的には誰かに相談をするのが賢明です。家族関係に第三者が加わるだけでそれまでの煮詰まった関係に変化が生じます。相談は、相談の内容ももちろんですが、誰かに相談すること自体に大きな意味があります。

　そして、子どもは自分とは違う存在であり、期待どおりには育ってはくれないものだと強く意識することが必要となったとき、「子どもの親孝行は3歳までで終了」という名言が親の悩みを軽くしてくれます。

　相談室で親子の相性に関して考えさせられることの多いのは、軽い発達障害傾向（神経発達症傾向）の子どもと、いろいろな意味でちょっと余裕のない親との組み合わせの場合です。発達障害は、すでに周知されているように一種の特性とも言え、中核的特徴を強く持つ人から、うっすらとその傾向が垣間見える人までの広がり（スペクトラム）を持つ概念です。スペクトラムの周辺部分にいる人は障害を持っているわけではなく、個性のレベルの特性を持つと言えます。スペクトラムは無限に広がりますので、濃い薄いの違いはあるとしても誰でも発達障害傾向を持つと言えることにもなります。乱暴な言い方をすれば、そういう

特徴が社会適応に大きな支障となれば障害だし、そうでなければ個性ということにもなりますし、その特徴を殊更に問題視すれば障害だし、気にしなければ個性ということになることにもなります。

　そこで問題となるのが、親子の相性です。子育てには苦労は付き物ですが、軽い発達障害傾向を持つ子どもの場合は一層です。苦労が大きければ、ストレスも大きくなります。特に、親に精神的な余裕がない（経済的余裕、時間的余裕が精神的余裕の背景にある場合も多いです）、いい加減さへの許容性に乏しい、いらいらしやすい、怒りっぽいなどの場合には、

ⅰ）子どもをうまくしつけられない（親の期待どおりの反応をしない）＝言って聞かせても伝わらない、すぐ忘れる、気難しい、ちょっとしたことでかんしゃくを起こす・・・。　⇒

ⅱ）イライラをぐっとこらえて繰り返し指導をする。⇒⇒

ⅲ）一向に効果がない。⇒⇒⇒

ⅳ）イライラし、思わず大きな声を出したり、感情的になったりする（場合によっては手が出る）。⇒⇒⇒⇒

ⅴ）子どもが一層泣きわめき、言うことを聞かない。

という悪循環に陥りがちです。これが高じると虐待につながりかねませんし、そこまで至らなくても親子ともどもストレスを高じさせるだけとなり、子どもの自尊心や自己肯定感は育たず、その後の人格成長に悪影響を及ぼします。ですから、こ

うした悪循環はどうしても断たなければいけません。

　この悪循環を断つには、子どもは自分の思いどおりにはならない、子どもは子ども独自の個性や意思を持つことをしっかり認識することが必要となります。しかし、頭では分かっていても、それを悪循環のスパイラルの只中に居て実行するのは難しく、同じことの繰り返しになりがちです。

　発達障害傾向を持つ子どもにうまく対応している親は、子どもの様子をよく見ていて、その特性を理解し、子どもに受け入れられやすい方法を自分で発見していっているようです。それができない場合には専門家や同じ悩みを持つ先輩の親の支援を受けるのが良いと思います。

　一方、相談を受ける側が最も気を付けなければいけないことは、親の子育て方法を非難したり、「障害受容」を強要したりしないことです。今更繰り返す必要はないと思いますが、子どもを愛していない親はいません。そのことを理解したうえで、親の持つ葛藤や痛みを受け止めないことには、何事も始まりません。聞きかじった知識に基づいて親を説教するなどはもってのほかなのですが、残念なことにそういう経験で傷付いている親は多いです。また、そうした経験すると支援を受けるのが嫌になってしまいます。

　発達障害傾向は、背が高い／低い、力が強い／弱い、計算が得意／苦手…といった特性と根本的なところでは違いがありません。「障害受容」云々の前に、弱点や苦手もあるが、長所や得意も持つ一人の個人として受け入れたいもので

す。親は、親としての責任がありますし、何せ子どもは3歳までに親孝行を済ませているのですから、子どもの特性を受け入れ、寄り添うしかありません。

歌人の俵万智さんが2024年5月12日の母の日に、X（旧ツイッター）に

　　「短所」見て長所と思う　「長所」見て長所と思う　母というもの

という短歌を投稿していらっしゃいました。

　かくありたいものです。


## （4）自由のパラドクス

「リアルおままごと」からかなり離れてしまったので、もう一度出発点に戻ります。

　「リアルおままごと」は、親のいないところ、親の目を気にしなくてよい環境内でしか行われません。つまり、自由であることを絶対条件として成立するものです。

　この「自由」というのは、結構クセ者です。本当の自由はどうやって保障されるのでしょうか。本当の自由などあり得るのでしょうか。

　プレイセラピーの大家が、子どもたちに「自由に遊んでよい」と言ってセラピーを行い、終わった後に、子どもたちから「これで遊べる」と言われてショックを受けたという話を聞いたことがあります。確かに「遊べ」と言われての遊びが自由な遊びであるはずがありません。いろいろな会議でも「自由にご発言ください」と言われて、その言葉を額面どおりに受け取って自由に発言して嫌な顔をされたり、

嫌な思いをしたりすることは良くあることだと思います。その場合の「自由」はちっとも自由ではない「建前上の自由」です。酒席での「無礼講」が、本当は一定の枠の中での「無礼講」でしかなく、場合によっては無礼講の振り・演技であることにも似ています。

相談場面でも、「個人的秘密は絶対に漏らしませんから、何でも自由にお話しください」などと言いますが、そこで話される内容がどれほどの自由度のものかは疑わしいです。ですから、自由に話してくださって良いと言いつつも、まだまだ本音には程遠いのだろうなぁとか、まだまだ言わずにいることが多いのだろうなぁとかと思いながら話を聴くことになります。実際に、お会いしてから何か月も経ってから、「実は・・・」という想定外のお話をうかがうことがよくあります。そういうお話はたいていネガティブな内容です。

このように真の自由はほとんど存在していません。なぜかというと、自由に・・・と言われた瞬間に、どこまで自由にしてよいのかという「自由の範囲」を自分で決めなければいけなくなり、結果として自分で自分に不自由を課すことになるからです。常識とかその場の雰囲気といったものからは自由になりにくいのです。


とはいえ、プレイセラピーでも相談でも、できるだけ「自由」に近い状態でいてほしいとは思います。

そこで、矛盾しているようですが、自由を保障するために制限を加えます。つ

まり、「自由の範囲」を指定するわけです。具体的に言えば、プレイセラピーであれば、①終わりの時間、②やってはいけないこと（わざと遊び道具を壊すこと、ほかの子どもやセラピストを傷付けること、ガラスに向かって物を投げたり蹴ったりすること）、③プレイの中での競争や対立は、プレイが終わったらなかったことにすること、などの制限事項を伝え、そのうえでそれ以外は全部自由だと宣言します。子どもたちは、自由の枠組みを明確に示されることで、枠組み内の自由を保障されます。枠があると分かると、「〇〇はやっていいの？」と聞いてくることが少なくなります。

枠組みや制限があるから自由でいられるというのは大きな矛盾ですが、世の中すべからくそのような状況にある気がします。

フロム（Fromm, E. ）は、自由には本来、孤独や責任が伴っているものであり、自由を求めるときはこれらも一緒に引き受ける覚悟でいなければならず、その覚悟のない人々が自由から逃走し、権威や外的判断基準を求めるという意味のことを言っています(注)。ナチスドイツ台頭の過程や戦争中の日本の状況の説明にはぴったりきます。

宗教に救いを求める場合も、救いを求めた先の宗教の与えた自由の枠組みが狭すぎたり偏ったりしていれば、結果として自ら自由を放棄することにつながることがあるようです。人は他者からの強制や束縛を嫌い、自由を求める存在ではありますが、自由を与えられると、自分を支えてくれていた人間関係や価値観

から離れ、裸の自己存在そのものと対峙しなければならなくなります。多くの人にとっては、それは自由がないよりも苦しいものとなります。ちょっと不自由な自由が一番良いのでしょうか。

　この問題は、孤独の問題ともつながりますが、それに関しては項を改めて考えてみます。


　フロムは、自分が「自由に」感じた・考えたと思っていることも、実際には自分を取り巻く社会の常識や価値観に影響されているということも言っています。これは犯罪学において、古典学派の自由意思論に反論した実証学派の主張に通じるものがあると思います。日本の刑法では、14歳未満の子どもは理非善悪の弁識能力やそれに基づいて行動制御する能力を欠いているとみなされますが、14歳になったら急にそうした能力が身に付くわけではありませんし、18歳でも20歳でも30歳でも十分な能力が身に付くとは思えません。孔子が「心の欲するところに従えども矩を踰えず」とした70歳でも同じです。どうしたって、環境や状況の影響は受けます。「本当の自由などない」というのは、「本当の自由意思などない」に通じます。

　相談室にいらっしゃる方々は、自分の意思では如何ともし難い（と思っている）事情に困っています。まずはそうした事情を受け入れるところからしか相談は始まりません。また、自分の自由にすれば良いという方向付けは、時として相談に

いらした方の混沌を混沌のままにしておくことにつながります。自由や自由意思を尊重しつつ、その枠組みを形作るのに力を貸すことが実際的な相談であるように思えます。


注：エーリヒ・フロム著　日高六郎訳「自由からの逃走」（旧版1952、新版

1965）　東京創元社


## (5) 孤独は万病のもと

「孤独死」という言葉は、人間関係が稀薄化している現代社会を象徴する言葉です。孤独死とは、一人暮らしをしていて、誰にも看取られずに亡くなることですが、この言葉は、哀れ、無情、孤独死に至るまでの経過にあったであろう寂しさ、寄る辺のなさなどに対する同情をほぼ自動的に喚起します[注1]。

しかし、考えてみれば、死ぬときは誰でも自分一人だけで死んでいくのであり、そばに誰かいるかどうかは関係ない気もします。また、後からいくら盛大な葬式をしたところで、いくら立派な墓に入ったところで、死んだ人にはどうでもいい話のはずです。しかし、それでもなお、「孤独死」に哀れを感じてしまいます。

これは、人が人とのつながりを求める存在だからなのだと思われます。

人とのつながりは、自分がこの世に存在していることを証明するものです。挨

挨をする・挨拶を返すといった何気ないやりとりでさえ、自分の存在をまわりの人が認識していることを確認させてくれます。こうしたやりとりが人間関係を作り、その関係が自分という存在を支えると言えます。

　最も原初的な人と人とのかかわりは母子関係です。赤ちゃんは胎内にいるときから心音等を通じて母親の存在を知り、胎動等で母親とかかわりを持っています。生まれてからは、母親役割を担う人とのスキンシップが重要となります。声掛けや顔を見ることも必要かつ重要ですが、スキンシップはそれら赤ちゃんへの働き掛けのすべて包含したものと見ることができます。その重要性を実証した有名な実験に、1950年代のハーロウ（Harlow, H. F.）によるアカゲザルの代理母の実験があります(注2)。この実験では、生まれて間もない赤ちゃんザルを母親から離し、哺乳瓶付きの針金製の代理母と、ミルクを提供しない柔らかい布製の代理母と一緒にして育てたところ、赤ちゃんザルは、ミルクを飲むとき以外は布製の代理母のそばにいたり、しがみついていたりすることが多く、びっくりさせたりするとすぐに布製の代理母にしがみつくという行動を示しました。子どもが育つのにはミルクよりもスキンシップが大事だとさえ言える結果です。

　人の赤ちゃんでは実験はできませんが（アカゲザルであっても倫理的な問題は大きいことは、当時から問題視されていたようです）、臨床事例からそれを推察することは可能です。1945年、スピッツ（Spitz, R. A.）は、乳児院の赤ちゃんたちの心身の発達が遅れがちなこと、死亡率が高いこと、特に保母さんとの

かかわりの小さい施設でその傾向が大きいことなどを見出し、ホスピタリズム(施設症)の概念を提唱しています(注3)。今の日本の乳児院にはそのようなことはないですが、同じような症状を現代日本でもネグレクト(育児放棄)を受けた子どもたちに認めることができます。いじめでも、"シカト"、"無視"、"ハブ(村八分)"の精神的ダメージは甚大です。

やはり人間にはかかわりが必要です。

構ってもらえない子どもが、親が嫌がるのを承知の上でまとわりついてくる、わざと叱られるようなことをして親の注意を惹くといった行動をとるのは、親との関係を求めるからにほかなりません。本当は褒められるほうが良いのですが、たとえ叱られたとしても無視されるよりはマシなのです。非行の根源には、親や周りの人からのかかわりを求める気持ちが隠れていることが間々あります。

また、DVでさえ、強制的に相手の反応を引き出し、ネガティブではあっても強い関係性を生じさせる機能を持つことがあります。些細なことでクレームをつける人も、自分の言い分を押し通すことだけでなく、相手を強制的に自分との関係に巻き込むことを目的にしていると思うことが少なくありません。買い物依存の人も買いたい物があるというより、買い物をするプロセスで店員の人と関係を持ちたいという欲求のほうが強いようです。その証拠に、買った瞬間からその品物への関心が薄れ、大して着たり使ったりしないことが指摘できます。

子育てでも子どもとしっかりとかかわることが不可欠です。そうしたかかわり

（愛情と言い換えてもいいかもしれません）を、小さいうちにしっかり経験すること
により、自分には自分を支えてくれる誰かがいる、自分という存在はきっとまわり
に尊重されているという感覚を育てることができ、多少の孤独には耐えることが
できるようになるのです。親としては、うまいかかわり方を意識するよりは、その
場その時で、しっかりとかかわること、気に掛けること、見守ること、そして、そう
いう親の姿勢を「見える化」することが大事だと言えます。

　相談も同じです。一人では解決できない問題、抱えられない問題があるから
相談します。仮に有効な解決策が見出せなくても、一生懸命に話を聴いてくれ
る人がいた、考えてくれる人がいたと確認できることで、一人悶々と悩む状態か
ら抜け出すことでき、次のステージに進む道筋が見えてくることがあります。

　ついでに追加すると、犯罪の被害者がトラウマ的体験から立ち直るのにも、
犯罪の加害者が更生するのにも、誰かの支援・伴走は不可欠です。誰かがか
かわってくれることは本当に大事です。


　　注1：「孤独死」という言葉のほかに「孤立死」があります。これは「孤独」と
　　　　「孤立」の違いです。これについては次節で取り上げる予定です。
　　注2：一般向けには、ハリー・ハーロウ著、浜田寿美男訳「愛のなりたち」
　　　　（1978、ミネルヴァ書房）があります。

注3：Spitz, R. A.（1945）Hospitalism. The Psychoanalytic Study of
the Child　vol.1 pp.55-74


## (6)「孤独」・「孤立」と「依存」

　前節では、孤独死という言葉に伴うイメージに端を発して、人と人とのかかわ
りについて述べましたが、孤独死と孤立死は違います。孤独死は一人暮らしで
あっても、親戚や知人との交流が保たれている人です。孤独死現状レポート[注1]
によれば、孤独死の死因の第1位は病死ですが、2位は自殺で、その割合は国
民全体における割合よりも相当高く、しかも若い世代においてその傾向が大き
いとされています。そこからは、特に若い世代の孤独死においては、他者との
交流の様相（孤独の様相）が大きく異なるであろうと推測できます。孤立死は、
普段の生活で他者との交流がない人の死です。単に一人暮らしであるというだ
けでなく、社会的にも孤立しており、当然、発見されるのにも時間がかかるとのこ
とです。この点からだけ見れば、孤独死と孤立死とでは、孤立死の方の気の毒
さが大きいように思えます。

　孤独でも孤立でもいずれにしろネガティブなイメージが喚起されます。これは
社会的問題としてもクローズアップされており、2018年にイギリスのメイ首相（当
時）が「孤独担当大臣（Minister　for　loneliness）」を新設し、日本でも2021年

に「孤独・孤立対策担当大臣」が任命され、内閣府に「孤独・孤立対策担当室」が設けられています。早速同年に「孤独・孤立対策の重点計画」が閣議決定され、2023年には「孤独・孤立対策推進法」が制定されています（施行は2024年4月）。それほどに、孤独・孤立は重大な社会問題化していると言えます。つい最近（2024年5月13日）にも、衆院の決算行政監査委員会において、政府は、2024年1～3月の孤独死が21716人確認されていて、これから年間6.8万人の孤独死があると推計されると公表しています(注2)。

　ところで、「孤独」と「孤立」はどう違うのでしょうか。言葉の定義の問題ですし、言葉を使う人・読み取る人の感覚に依存するところも大きいですが、研究者や評論家は、ハンナ・アーレント（Hannah Arendt）の定義に依拠することが多いようです。しかし、アーレントの言う"lonelinessとsolitude"に、どの日本語を充てるかについても人により違うので、話は複雑です。おそらく先述の法律が「孤独・孤立対策」と両者を併記しているのもそうした事情からだと思われます。ちなみに、同法では第一条において、「孤独・孤立の状態」を「社会の変化により個人と社会及び他者との関わりが希薄になる中で、日常生活若しくは社会生活において孤独を覚えることにより、または社会から孤立していることにより、心身に有害な影響を受けている状態」と定義しています。

　孤独と孤立のどちらの言葉を充てるかは別として、人とのつながりを感じつつ

も実際には「一人」でいる状態と、まわりにたくさん人がいても誰ともつながりを感じることができずに「一人」でいる状態とは大きく違うと思われます。物理的空間的な意味での「一人」と精神的な意味での「一人」との違い、あるいは心の中で誰かとのつながりを感じられている「一人」と、それがない「一人」の違いとも言えます。このことを考えるとき、やはりこのふたつの「一人」状態には別々の名称を与えたほうが良いように思われます。

　孤立は、建物が孤立しているとか、孤立集落とかと、人以外も使うことができ、どちらかと言えば客観的状態を示す言葉で、孤独は人の心情面を含む主観的状態を示す言葉であるように思われます。また、テレビ放映されている「ぽつんと一軒家」の住人は、孤立はしているが孤独ではなさそうに見えます。そうしたことを踏まえると、とりあえず、社会的つながりがない場合を孤立、社会的なつながりの有無は別として心理的に他人とのつながりを感じられない場合を孤独とするのが良いようです。

　精神的健康という観点からみると、孤立していてなおかつ孤独というのが最も良くない状況で、孤立よりは孤独が悪いということになりそうです。人は他者とのかかわりの中で生きていて、特に精神的なかかわりが大事だと言えそうです。


　話は飛躍しますが、刑事施設（刑務所等）では、規律違反に対して懲罰が科せられますが、その内容は、①戒告、②刑務作業の停止、③自弁物品（自分で

購入した物等の私物）の使用禁止、④書籍などの閲覧禁止、⑤作業報奨金の削減（最大3分の1）、⑥閉居（単独室で何もせずに過ごす）の6種類です。①と⑤以外は、他者や外部との接触が制限されるという罰です。聞くだけでは何も辛いことはなさそうですが、これが懲罰として十分に機能しているのです。ここからも人にとって他者等とのかかわりがどれだけ大事かが分かろうというものです。いじめでも「シカト」「無視」「ハブ」のダメージは非常に大きいです。そうした孤独を救うのは他者とのかかわりです。閉居罰となった者は家族や所属組織の仲間とのつながりを信じて孤独に耐え、いじめ被害者はいじめ環境とは違う環境（家族、クラブ活動等）での人間関係を支えに孤独に耐えるのだと思います。

　そうした支えを得られない場合には、孤独というこころの隙間にアルコール、薬物などが入り込んでくることがあります。宗教は、本来は孤独を支える役割を果たすものだと思いますが、孤独を支えることを入り口にして、徐々に孤独に付け込んで法外な支出をさせたりするのは倫理にもとる行為であると言わざるを得ません。オウム真理教がそうであったように、信者に社会的なつながりを断たせる、宗教なしではき生きていけない状態に陥らせるのは、自分で自分の人生を創り、生きることを放棄させることと同じであり、非道です。

　数ある依存の定義の中で、私として最もしっくりくるのは「（依存とは）〇〇なしで生きられない状態」というものです。宗教依存も薬物依存もギャンブル依存も、皆それなしではいられない状態になっています。依存をこのように定義すれば、

依存からの脱却は、孤独からの脱却、すなわち人間関係の(再)構築によるのが王道であることになります。孤独な人の多くは、かつて人間関係の中で傷ついたり、そもそも人と信頼関係を築いたことがなかったり、愛を知らなかったりする人です。ですから、自分から人間関係を求める姿勢を持ちません。誰かが手を差し伸べて、つながりを感じてもらうことが必要となります。断酒会、AA、ダルク(DARC)といったピアグループが依存脱却に有効なのはこうした背景があるからです。

　依存の問題を抱える方の相談は、孤独に寄り添うことでもあると心得たいです。


　注1：「第7回孤独死現状レポート」(2022.11　一般社団法人日本少額短期保険協会孤独死対策委員会)。このレポートにおける孤独死の数値は、賃貸住宅居室内で死亡した事実が死後判明に至った1人暮らしの人に関する2015.4〜2022.3の集計によるものである。
　注2：2024年5月14日付け朝日新聞朝刊1面

## 6 相談の中で思うこと ～言葉の意味と力

　相談に携わる中で気になっている言葉について述べたいと思います。

　なお、内容は個人的感覚によるところが大きいので、学術的なことに関しては専門書等によっていただきたいと思います。


## （1）インフォームド・コンセント

　インフォームド・コンセントの日本語訳は、一般的には「説明と同意」ですが、この訳だと、医師等の施術を施す側が施される側に説明して、施される側がそれに同意するという一方通行のイメージが拭えません。また、医師等の専門家と患者等の非専門家という非対称の関係も感じさせます。つまり、一方の当事者である患者等の立場が弱いように感じるのです。また、ひねくれた見方かとは思いますが、後々トラブルにならないために予め費用やリスクを説明して、これに同意（書）を取り付けたという証拠残しの意味に比重が置かれているように感じてしまうこともなくはありません。インフォームド・コンセントは単に説明をして、同意（書）を取れば良いというものではありません。

　個人的な話で恐縮ですが、身内の手術の際に、直前になって病院に呼ばれて、本人の代理として書類に印鑑を押してほしいと頼まれたことがあります。身

内はすでに麻酔をかけられ手術を待っている状態で、押印は、単に手術前の必要な「事務手続き」として扱われている感がアリアリでした。もしかして本人から同意書を取り忘れていたのかとも思いました。手術には必要なことであろうとし、本人も事前の説明は受けていたであろうことは理解できたので、押印はしたのですが、その書類たるや、簡単に言えば、死ぬことや後遺症が残ることを承知のうえで手術に同意するという内容で、とても気軽に押印できるものではありませんでした。釈然としない気持ちが強く残りました。

Informed Consent は、情報を提供されたうえでの同意という意味であり、同意を求める側は、同意する側が主体的に判断できるだけの十分な情報を与えるという前提があり、同意をする側は与えられた情報に基づいて自分の意志で主体的に判断するという前提のものです。つまり、患者や利用者の自己決定のための手続きなのです。ですから、同意をする側がさらなる情報を求めたり、質問をしたり、要望をしたりし、同意を求める側がこれに答える手続きが保障されていないといけません。説明に納得できなければ、セカンドオピニオンを求めるという選択を主体的に行うことになります。

　サービスを提供する側として、十分な情報を提供しているか、サービスを受ける側が主体的に判断をすることを尊重する姿勢を持っているかを常に自己点検することが求められます。そこには、相手の関心事や理解力に合わせて分かりやすい説明ができていることや、自分の能力や経験の限界を率直に提示でき

ていることも含まれます。次に大事なことは、きちんと相手からの疑問を引き出し、質疑応答に応じる姿勢を示すことです。

　また、サービスを受ける側としては、相手の専門家が本当の意味のインフォームド・コンセントを得ようとしているかどうかが、その人の専門性と倫理性を判断する重要なチェックポイントとなります。個人的には、すべての面で一流の専門知識・技能を持っているかのような説明をする専門家や、提案内容について、そのメリットしか説明しない専門家は信用できません。技術的・設備的にできないことはできないと説明する、デメリットを含めて説明する、提案内容を納得できる根拠に基づいて説明する、利用者(患者)が質問や意見を言える雰囲気を作り、最終判断をこちらに委ねてくれる･･･そういった人のほうが信用できます。


## (2) 自殺念慮

　「被害念慮」があると思われる方への対応に関する質問がありましたので、自殺念慮について考えてみたいと思います。

　念慮は、「あれこれと思い巡らせること」という意味で、仏教用語として使う場合は、それに「凡人がその浅知恵で･･･」という前置きが付くようです。

　念慮という語は、現在の日常生活では単体ではほとんど使わない気がしますが、心理相談の場面では、自殺、希死、被害、注察、関係などの言葉に伴う形で良く使われます。気になっているのは、前二者、つまり自殺念慮と希死念慮

73

の使われ方です。

　自殺念慮と希死念慮は、英語では両方ともsuicidal　idea（ideation）となるようで、大きな違いはないようなのですが、日本語にしたときのニュアンスとしては、自殺念慮のほうが希死念慮よりも強く、持続的な「念慮」であるという印象があります。実際、このふたつを使い分けている人は、希死念慮のほうは、「死んでしまったほうがまし」、「死にあこがれを持つ」、「死んだら誰かが自分の苦悩を察してくれるだろう」など、死とその手段としての自殺の関係が明確でない場合や、死にたい気持ちが四六時中あるわけではなく、ときどき顔を出す場合も含むという具合に、自殺念慮よりも少し広い概念として使っているように思われます。あるクライエントは、「楽しいことをしていれば楽しいとは思います。でも、頭の中の100％が楽しいというわけではなく、いつでも少し「死」が頭の隅にあるのです」と説明してくれました。これなどは、希死念慮に近い状態のかもしれません。

　もし、自殺念慮と希死念慮とを使い分けるとしたら、前者では死に向けての積極性や主体性という点で多少意味が違うと言って良いかと思います。しかし、希死念慮も自殺念慮も「死」に過度に意識が向いていて、そのことが常に頭の片隅にあることには違いありません。その意味で、希死念慮は自殺念慮のレベルの低いものであるというとらえ方はしないほうが良いと思います。実際、「希死念慮はありますが、自殺はしません」と宣言していた人が、自傷による出血多量や大量服薬で、もし運よく誰かに発見されて救急搬送されなかったら危なかった、

という例は少なくありません。「死」に関連する「念慮」があれば、それがどんなにうすぼんやりしたものであっても、常に最重要事項として扱う必要があると思います。自殺はやってしまったあとでは取り返しのつかない行為ですから、少しでもその兆候があれば、一律に「自殺念慮」があると考えて、レベルに差を付けないほうが良いと思います。「死」という言葉は非常に重いです。

　なお、自殺念慮があると判断した場合には、判断の根拠とした言動や状況をできるだけ具体的に把握、記録しておきます。それがその後の経過観察におけるリスク評価の重要な指標となりますし、その言動の中に自殺を思いとどまらせたり、状況を変化させるヒントが含まれているからです。また、念慮はあくまでも本人の内面にあるものですから、十把一絡げにせず、丁寧に本人の心情を共感的に理解するよう心掛ける必要があります。また、自殺とアルコールはすこぶる相性が良いです（相性が悪いというべきでしょうか）。アルコールは理性や自制力を減退させますし、「死」に向かう反芻思考を促進します。お酒を飲まない約束は取り付けたいです。


　ところで、自殺念慮を口にする人は、自殺を唯一の選択肢として考えているわけではなく、生きたいという気持ちを背景に、「自殺したいほどの苦悩を分かってほしい／聴いてほしい」という気持ちを持っていることがほとんどです。ですから、そうした人とかかわったら、どんなに重荷だと感じたとしても、腹を括ってじ

っくり話を聴くしかありません。逃げは許されません。仮に自分には荷が重く、自殺念慮のある人への支援に定評のある病院や医師に紹介（リファー）するほうが誠実な対応だと考えたとしても、第一次的な対応者になってしまったら、どこかに紹介する前にじっくり話を聴く必要があります。また、紹介する場合には、その紹介先が相談を引き受けることと相談者がその紹介先に確実に行くことを確認すべきです。ただ専門機関に関する情報を与えるだけでは、見放したのと同じです。

　また、自殺念慮のある人とは、とにかく「つながっていること」が第一です。その意味で、次回の相談日時を決めておくとか、次回相談までに考えてきてほしいことや次回までに確認しておいてほしいことといった「宿題」を出すことが効果的です。誰かが自分を気に掛けてくれていると実感することが最大の自殺防止策です。第二に大事なことは、毎日何かやるべきことを作ることでしょうか。第三に大事なことは時間経過でしょうか。他力本願のようですが、時の流れと状況の変化は案外重要です。

　余談ではありますが、秋葉原事件の加藤智大元死刑囚は、事件前に何度かSNS上等で自殺をほのめかしていますが、そのたびに誰かが「死ぬな」と言ってくれて、生きることを選択しています。その中で最も象徴的なのは、JR 中央線に飛び込もうと思って秋葉原まで車で行ったところ、すでに終電を過ぎていて、一晩有料駐車場で寝てしまい、朝になったら駐車料金が35000円になってい

たときのエピソードです。駐車場の管理人は、彼の返済の意思を信用してくれて、借用書を受け取ってくれたのですが、その後彼は、35000円の返済を当面の生きがいとしたとのことです。ここには、自死は自分を気に掛けてくれる人がいないという「孤独」との関連性が強く表れていると思います。

## (3)ある逸話

　前節で、自殺念慮について述べましたが、それに関連して、究極の心理ケアとも言える、私にとっては忘れようにも忘れられない話をご紹介したいと思います。

　それは、知り合いの方のお母様のお通夜のときの話です(注)。

　お母様は、「仏壇くらい、好きなものにしておきたいわね」と言って、生前に仏壇を買い求め、「いつ死んでもいいように・・・」といつもきれいに磨いていたそうです。そして、ある日、仏壇を磨いて2時間後にぽっくりとなくなったそうです。その前日には、死を予期していたかのように、子どもたちを集めて食事会を催して楽しい時間を過ごしていたそうです。子どもたちは、口々に日ごろの功徳があったお陰の大往生だと言い合ったそうです。しかし、お母様の本当の功徳がもっとほかにあったことをお通夜の晩に知ることとなりました。

　お母様は、若いときに大きく事業を展開していて、引退後も人付き合いが広かったこともあり、自宅で行われたお通夜には多くの弔問客があり比較的にぎ

やかなものだったそうです。お坊さんが帰り、直会も一段落して、家族だけが残ったところに、中年の男性が息せき切って入ってきて、「是非、お焼香をあげさせてください」とおっしゃったそうです。子どもたちの知らない人でしたが、お母様の知り合いに違いないと思って、お焼香をあげてもらったのですが、その男性は、家族の誰よりも長く熱心に手を合わせ、子どもたちはどういう関係の人だろうと不思議に思っていたそうです。そのため、お焼香が済んだのちに、「本日はありがとうございました。ところで、母とはどのようなご関係でしたでしょうか」と尋ねたそうです。

　そのとき、その男性は、大泣きしながら「お母様は命の恩人です。お母様と出会えなければ今の私は存在しません」と話してくれたそうです。その大泣きは、大の大人がこれほど泣くものかと思われるほどで、また、涙はこんなに大量に出るものだったのかと驚くほどだったそうです。

　お母様の家（知り合いのご実家）は私鉄の線路近くにある大きな家です。お母さんは朝起きたら庭や家の前の道を竹箒で掃くのが日課で、道行く人に「おはよう」などと声を掛ける人だったそうです。件の男性も声を掛けられた一人なのですが、声を掛けられたのは、事業に失敗して二進も三進もいかなくなり、電車に飛び込む決意を固めて、夜が白々と明け始めたころに踏み切りに向かって歩いていたときだったそうです。男性曰く、「庭を掃いていたお母様は、見も知らない私に、『お兄さん、おはよう。お茶でも入れようと思っていたのだけれど、一

緒に飲んでいかない。私一人で飲んでもおいしくないからさぁ、一緒に付き合ってよ』と声を掛けてくださいました。私は、言われるままに庭に入り込み、黙って縁側に座り、お母様の入れてくださったお茶をすすりました。あんなにおいしいお茶を飲んだことは後にも先にもありませんでした」とのことでした。

　お茶を飲みながら何を話したかは全く覚えていないそうですが、自殺云々の話をしなかったことと、お母様からもそうした問い掛けがなかたことは確かだそうです。覚えているのは、お母様が普段からそうなのだろうと思うような自然体であったことと、問わず語りのように何かを話していたことだけだそうです。そうこうするうちに、スーッと死にたい気持ちが失せたそうです。男性曰く、そのときはきっと悲壮な顔つきであったに違いないはずでしたが、お母様はそのことには一切触れずにただ穏やかな時間を共にしてくれたのだそうです。それにより、死にたい気持ちが失せて、やり直そうと思うようになったのだそうです。

　子どもたちにとっては初耳の話で、もしかしたらお母様にとっても普段どおりのことであって、特段の出来事ではなかったのではないかとのことでした。しかし、普段はしなかったお茶を勧めることをしたのですから、お母様は男性にただならぬものを感じたに違いありません。それでいて、強引に引き留めるでもなく、説教するでもなく、ただ一杯のお茶で男性を破滅から救ったのです。子どもたちは、お母様の功徳を知り, 極楽浄土を確信したそうです。

信心が足りない私にも「功徳」の意味が分かったように思えた話でした。ただただ相手を無条件に受け入れ、特段の働き掛けをすることなく、穏やかな気持ちで包み込むだけで相手の混乱したこころを鎮め、まだ少しは残っているはずの生きる力を呼び覚ますのは、究極の相談です。相談とは内容ではなく、関係性のあり方だと確信した話でした。


　　注:この話をこのような形で公表するについて、ご本人からお許しを得ております。


## (4)言葉にすることの難しさ

　前節では、自殺という強烈な言葉に引っ張られて、本来のテーマから少し外れてしまいましたので、相談場面での言葉をめぐる問題に戻りたいと思います。

　人は物事を言葉に置き換えることにより記憶していることが多いです。自転車こぎなど身体で覚えている記憶もイメージで覚えている記憶もありますが、それらも相手に伝えるときは言葉を介して伝えることが多いです。物事の理解も思考も言葉を介して行われますから、言葉の果たす役割は計り知れず、言葉が人と他の動物を分ける最大の要素と言ってよいかと思います。かの有名なヘレン・ケラー女史もサリヴァン先生(アン・サリヴァン)の献身により言葉を覚えたことで、

その持てる才能を開花させることができたと言えます。視覚も聴覚も失ったケラー女史の中で、水の感覚（触覚・温度覚）と「WATER」という指文字の言葉が結び付いたときが彼女の思考能力の開花のスタートだったと言って良いと思います。

　コミュニケーションにおいても言葉の果たす役割が大きいことは言うまでもありません。言葉によるコミュニケーションは、言葉を相手と同じ意味で使っているという前提があって初めて成立します。普段の生活では、相手の言っている言葉と自分のその言葉に対する理解が違うことはほとんどありませんし、あったとしてもあえて問題視するほどの大きな差はありません。しかし、実際には、相手と自分の使っている言葉が完全に同じ意味を持っているかは保証の限りではありません。特に、相談場面では言葉の意味に敏感にならなければいけない場面が多いです。

　例えば、相談者が「みんなが私を嫌っている」と言ったとき、それを聞いた側は、100人が100人とも嫌っているわけではないだろうとは考えますが、「みんな」がどれほどの割合を指すかは想像しづらいです。「みんな」の意味が共有できていないからです。この場合は、「みんな」というのは具体的にはどれくらいなのかを冷静に考え直してもらうことで主観的な認知の歪みが明らかになり、自分の感じ方の特徴を振り返ることにつながります。また、100人が100人ともでないことが確認できれば、自分を嫌いでない人に目を向けることで気が楽になりますし、

自分を嫌いな人と嫌いでない人（と思っている人）の違いを考えてもらうことで、自分の感じ方や振る舞いを修正することにつなげることもできます。

「みんな」のように、事実関係を追っていけば、あるいは論理的に詰めていけば共通理解へと行き着くものもあるのですが、感情表現などのより主観的なものは共通理解が難しいです。「うれしい」、「悲しい」などと括られる感情には実際には様々なものが含まれています。本当のところは、いろいろの感情が入り混じった「微妙」なものばかりです。それに対して安易に「うれしい」、「悲しい」などの感情表現用語を当てはめることは、本当の感情の一部を切り離してしまうことになります。真に適切な感情表現用語により理解することが相手の感情を受け止めることにつながります。感情を共感的に理解するには、その言葉が語られた文脈や背景をよく理解するとともに、その言葉が発せられた際の非言語的な情報（表情、声のトーン、しぐさ、間（マ）など）への感受性を高めることが必要となってきます。加えて、自分が共感的に理解した感情を言葉にして返すことで、自分の感情を「分かってもらえた」という感覚が生じ、関係性が深まることになりますから、感情表現用語をたくさん知っていて、それを状況に応じて適切に選択する能力も必要になります。一言で表せない感情が多いことを考えれば、言い回しの工夫、比喩やたとえの適切な使用も重要になります。

感情の強さをはじめとする、程度の表現も共通理解が難しいです。「非常に」、「かなり」、「超」、「めっちゃ」、「とても」、「普通に」、「ちょっと」、「多少」・・・といろ

82

いろありますが、使う人によって、その副詞句の示す程度がかなりばらつきます。そもそもこうした程度を表す言葉は、多用されるようになると新鮮味やインパクトがどんどん薄れて、新しい過激そうな言葉が選択される傾向があるようです。ですから、程度を表す表現が自分の感覚よりもレベルが低いことは良くあります。また、逆に、慎ましい人や感情表現が抑えられがちな人の「ちょっと」や「ほんの些細なことですが・・・」が、「全然ちょっとどころではない」ということも良くあります。これについても文脈や非言語的な情報への感受性が問われるところです。


　相談場面に限らず、どんな場面でも言葉はとても重要です。例えば、司法の分野でも、言葉の問題が避けがたく存在します。供述調書は、その人が経験したことを文字にして表現するものですから、使用する言葉によって、調書が事実から離れていくことになりかねません。

　語彙隠蔽効果という、表情などを言語化して説明すると、その映像的記憶の精度が損なわれる現象がありますが、これは表情以外の認識に関して生じます。例えば、丸とも四角とも言えるような図形を見せて、それにこれは丸の歪んだものという説明を付けた場合は、より丸に近いものとして記憶され、四角の歪んだものという説明を付ければ、より四角に近いものと記憶されるというような現象です。物の形ばかりではなく、数量、大きさ、速さ、色などにも同じことは起きます。交通事故の目撃者に、ぶつかった車は時速何キロくらいでぶつかったかを聴

取する際に、「ガシャンとぶつかったときの速度は？」と質問する場合と、「コツンとぶつかったときの速度は？」と質問する場合とでは、前者の方が速度が大きい回答となりがちなのは実証済みです。

　言葉・用語は大事です。こころして選択する必要があります。記録も同様です。大事だと思われることに関しては、安易に別の言葉で言い換えたり、無理に要約したりしないことが必要となります。


## (5) ○○障害について

　世間には、適応障害、学習障害、発達障害など、○○障害という用語があふれている感があります。

　この場合の「障害」は、英語のdisorderの日本語訳ですが、orderは語源的には、ラテンの語のordo（順序だった列・物事を秩序立てる）だそうで、disorderは、秩序ある状態ではない状態ではないというニュアンスとなると思われます。もっとも、アメリカ精神医学会「DSM－5－TR　精神疾患の診断・統計マニュアル」におけるdisorderの日本語訳は「障害」から「症」に変更になっていますから、○○障害という用語はいずれ使われなくなるのかもしれません。同マニュアルの翻訳チームは、障害がdisabilityの訳として広く使われているので、それと区別するという意図で訳を変更したとしていますが、症状が固定的・不可変的であると受け止められるのを防ぐ効果もありそうです。

なお、「障害」という表記に関しては、その障害を持つ者が「害」であるかのような印象を与えるから避けるべきだという意見や、もともとの漢字である「障礙(しょうげ)」やその略字である「障碍」を使うべきだとする意見や、「障がい」と平仮名とすべきだとする意見がありますが、日本の法律は「障害」の表記を使っていますので、ここでは「障害」と表記したいと思います(注)。


　さて、〇〇障害が世間にあふれている感があると書きましたが、これには障害概念がやや拡大解釈され過ぎて使われているという思いがあるからです。

　まず、ここでは、適応障害(DSM－5－TRでは適応反応症：adjustment disorders)を例にとってみます。これはもちろん、不適応(maladjustment)とは違う概念です。肝心なのは、適応障害(以下、DSM－5－TRの適応反応症ではなく、一般に通用している適応障害の用語を使います)は、PTSDと同じく「心的外傷及びストレス因関連症群」に含まれる疾病であることです。その診断基準には、「はっきりと確認できるストレス因に反応して、そのストレス因の始まりから3か月以内に情動面または行動面の症状が出現していること」のほか、その症状がそのストレス因に不釣り合いな程度や強度を持っているか、社会適応上の機能に重大な障害を及ぼしていることなどが挙げられています。つまり、明確なストレス状況に引き続いて起き、「普通」の範疇を超えた反応がある場合に診断されることになるわけです。他方、ストレス因は複合的なものである場合もあり、ま

たストレスと感じるかどうかには個人的要因が大きく影響しますから、「傍から見てそんなことで心身の不調をきたすのは理解できない」と切り捨てるのもまた問題です。用語は、その定義等を理解して使いたいものです。

　適応障害は一般的にはストレス因がなくなれば改善されるとされます。そのために、環境の中で何がストレスかを見付け出し、それから離れられるように環境調整したり、ストレスへの対処法を身に付けてもらったりしますが、ストレス因が単純なものではない場合や日常生活と不可分のものの場合は簡単にはいきません。また、環境を変えるなどしても状況が改善しない場合は、別の疾病を考える必要が出てきます。安易に適応障害と自己診断して、本当の問題から目をそらすことにならないようにしたいものです。個人的経験から目立つと思っているのは、背景に発達障害が隠されている場合です。適応障害に該当するような症状を発達障害の二次症状としてとらえ、対応方針も発達障害を軸にして考えるほうが良いと思えることがときどきあります。

　次に発達障害について考えたいと思います。一般に発達障害されるものの多くは、DSM－5－TRでは自閉スペクトラム症（autism　spectrum　disorder）に該当すると思われますが、その上位の分類は神経発達症群です。ということは、生来的な器質的問題が想定され、それ故に小さいときからその特徴が現れていることになります。小さいときには気付かなかったが、今から思えば発達障害的な特徴が当時からあったという場合は発達障害と言ってよいのでしょうが、

そうでないなら発達障害とは別の問題を考える必要があります。

　また、自閉スペクトラム症は、その名のとおりスペクトラム概念であり、障害と障害でないものの境が不明瞭で、グレイゾーンが広いという特徴があります。そのためにカテゴライズの問題が伴います。発達障害とカテゴライズすることにより、その人の特性に適合した環境や指導法を用意するのが有効な場合にはもちろん発達障害とカテゴライズするのが適切なのですが、グレイゾーンの場合には、いったん下されたカテゴライズはなかなか変更しづらいという現実を踏まえたうえでの対応が必要となります。「個性」といえる範囲ではないだろうか、しつけ不足・訓練不足ではないだろうか、虐待の影響による症状ではないだろうか、親に代理ミュンヒハウゼン症候群的な要素はないだろうか、〇〇障害というよりもギフテッドというカテゴライズが良いのではないだろうか？・・・などといったことを良く考えたいと思います。具体的な記載はできませんが、家族以外とはしゃべらず、ほとんど誰とも関係を持とうとしないなどのために発達障害の診断を受け療育手帳を取得した人が、環境が変わったら打って変わって周りと打ち解け、「普通に」活動するようになった事例を経験したことがあります。

　また、カテゴライズがその人をそのカテゴリーに相応しい人にしてしまうということもあります。〇〇障害とカテゴライズするのは専門的な判断に基づき、慎重に行う必要があり、非専門家が気安く〇〇障害と口にするのは慎むべきだと思います。

注：「障害」の表記に関しては、内閣府・障がい者制度改革推進会議第26
回資料2（H22．11．22）「『障害』の表記に関する検討結果について」
（「障害」の表記に関する作業チーム）を参照してください。

https://www8.cao.go.jp/shougai/suishin/kaikaku/s_kaigi/k_26/
pdf/s2.pdf


## (6) 言葉遣いと意味付け

　同じ現象や状態をいろいろの言葉で説明することができます。そして、その
現象や状態は、それを説明する際に使われた言葉により違った意味を持つこと
になります。分かりやすい例は、何かを〇回やったという事実を「〇回もやった」
と言うか「〇回しかやらなかった」と言うかの違いです。こういうところに言葉の魔
力が秘められています。

　就活セミナーなどでは、自分の短所だと思うところを書き出した後、それを長
所に書き換えるという練習をするようです。例えば、優柔不断を、物事を多面的
に把握して慎重に判断すると書き換えるなどです。そのようにして自分を売り込
む方法を教えるわけです。採用担当者は、そのような求職者ばかりを見ている
わけですから、言い換えられた言葉を自動的に再変換して元の言葉として理解

しているのではないかとも思いますが、就活のために準備をしてきたという姿勢と言い換えられる能力やプレゼンテーション能力は評価してもらえると思います。

　出来事や状態をどう意味付けるかは、それをどういう言葉で理解するか・説明するかというところにかかっている面が大きく、その意味で言葉には魔力があると言えます。

　相談場面でも、相手がいろいろ言ううちの、ポジティブな言葉を意図的に取り上げて思考判断の方向性を変えていくことをすることがあります。前に、自殺念慮を口にする人の場合、生きたいという気持ちを背景に、「自殺したいほどの苦悩を分かってほしい／聴いてほしい」という気持ちを持っていることがほとんどですと述べましたが、口にすること自体、聴いてほしいというメッセージを含むものだと思います。相談場面で自殺を口にする場合はほぼ確実にそうです。ですから、自己否定的なこと、悲観的な見通し、眠れない・食べられないなどといった暗い話をたくさんしてもらって、その中に少しでも前向きな△△といった発言が混じるようになったら、意図的にその発言を拾い上げ、「○○ではあるけれど、△△ともお考えなのですね」などと、心の中が100％暗く否定的なものだけで埋め尽くされていないことに気付いてもらうようにします。操作的で、あざといと感じるかもしれませんが、△△も相手が自発的に言った言葉なのですから気にすることはありません。また、「そんなにつらいことばかり続いて、死にたいと思うようになったにもかかわらず、死なずにいられるのはあなたが持っている『強さ』の

ためなのでしょうね」などと、「辛い→死にたい」という思考の流れを、「辛い→死にたい→でも死なずに頑張っていられている」という思考の流れに変えることもできます。ただし、この手法は、相手の言いたいことや感情を十二分に受け止めてからでないと奏功しません。先走ってこれをやるとむしろ逆効果となることさえありますので、傾聴に徹することが優先されます。

　もう少し身近なものでは、登校渋り・登園渋りの例があります。

　不登校状態にはなっていないが、登校に苦痛を感じている生徒がいて、「学校に行きたい気持ちもあるんですが、行きたくない気持ちもあるんです」と言ったら、まずは、行きたくない気持ちを受け止めて、その気持ちの裏にある事情を十分に聴きます。行きたくないほうの気持ちを全部聴いた後に、「生きたい気持ちもあるんですよね」と言って、前向きの気持ちを聴きます。ここで重要なのは、確かにご本人が「学校に行きたい気持ちもあるんです」と言ったという事実です。この点を踏まえると、「学校に行きたくない」一点張りの人の場合でも、たくさん話をしてもらううちに「でも学校には行くほうが良いとは思っている」とか「学校も楽しい面もある」と言ったりします。そういう言葉は待っていると案外自分から言いますので、言わせるのではなく自分で言うのを辛抱強く待ちます。その言葉が本人の口から出ることが大事です。自分の言った言葉は自分を拘束する力を持ちます。

## （7）会話における暗黙のルール

　同じ言葉でも、それがどのような文脈で使われるかにより違った意味になります。

　かなり前に、大阪の朝日放送の「探偵ナイトスクープ」で、アホを使う地域とバカを使う地域の境界を探し出すという、一見アホみたいでありながら真面目に言語地理学の核心に迫るような企画がありました(注)。探偵（出演者）の実地調査のほか、全国の視聴者からの報告と、全国市町村の教育委員会を対象としたアンケート調査を基にして、アホ・バカの類の言葉の分布図を作ったわけですが、その中では、アホ・バカの意味は、蔑みや罵倒のような否定的意味だけでなく、ときには愛の意味にもなることを指摘しています。言い方やそれを言ったときの表情も大きく影響しますが、文脈による意味の違いが大きいです。わざわざ例を出すまでもないでしょう。

　賢い、上手などの誉め言葉も、使われる文脈によっては容易に皮肉になります。京都での会話の難しさの代表としてしばしば取り上げられる「ぶぶ漬けでもどうどす？」は、実際には使われることはないようですが、京文化は言葉の直接的意味だけでなく、言われたタイミングや状況までを読み取る力を求める文化であることを象徴していると思います。京文化は日本文化の源のひとつですから、日本文化一般に言葉を単体でとらえるのではなく、その前後の言葉とともに流れの中で意味をとらえることを求める文化だと言えます。難儀なことですが、

日本に生まれた以上仕方がありません。

　なお、発達障害のある方は海外のほうが日本よりも生活しやすいということを
よく耳にします。このことも、日本では会話や人間関係が文脈という「空気」を読
むことが求められることを示しているように思われます。

　さて、先ほどの「ぶぶ漬けでもどうどす？」は、コミュニケーションの命令性をも
包含する言葉です。実際にはないとしても、もし、京都で「ぶぶ漬けでもどうど
す？」と言われたら、「イヤー、思いのほか長居をしてしまいました。そろそろお
いとまいたします」と答えなければならないことになります。つまり、「ぶぶ漬けで
もどうどす？」は、自主的に帰ること表明することを強制する言葉として機能する
わけです。知り合いが自分の赤ちゃんを連れてきて、「見てやってください」と言
ったら「かわいいですね」の返事を強制されます。強制されている意識がないと
しても「かわいい」と口にしてしまうのですから、強制と同じです。小さな子どもが
目の前で転んで泣いたら、見知らぬ子どもであっても「大丈夫？」などと声をか
けてしまいます。つまり、転んで泣くという行動は、その人に心配して声掛けを
するという行動を強制しているわけです。

　以前の「傾聴とは」の節でも触れましたが、一方が喋れば他方は聞き役になら
ざるを得ません。誰かが誰かに向かって話すという行為は聞くことを強制してい
ると言えます。相手の話に相槌を打てば、聞いているというメッセージのほかに、
もっと話してください促しの意味をも伝えることになります。それと同じです。

注:松本修 「全国アホ・バカ分布考─はるかなる言葉の旅路」（1996年

　新潮文庫）にまとめられています。

　　なお、初版は、1993年に太田出版から出ています。

　　ちなみに、アホよりもバカのほうが古い言葉であるとのことです。

## 7　相談のあい路あれこれ


　相談を受けることに関する相談に対しては、来し方の自分を振り返って答える
ことにしています。絶対の正解などはないのですが、私という世界の中での正
解に近いと思っていることを述べたいと思います。


### (1)感情移入

　虐待などの辛い体験をしてきた人の相談を受ける際に、感情移入し過ぎてし
まい、適切な対応ができなくなってしまう自分がいるのですが、どうしたら良いか
という質問を受けることがあります。

　感情移入というときに、自分の中にある感情を相手に反映させることを指す場
合もありますし、いわゆる共感と同じく、相手の側にある感情にこちらが反応して
同じような感情を喚起することも指す場合もありますが、心理臨床での感情移入
は多くはempathyの訳語の意味で使われると思います。つまり、もともとの感情
は相手方のものであって、それを自分に反映さえて、「まるで我がことのように感
じる」という意味です。ですから共感と同じです。ところが、共感という日本語を
和英辞典で引くと、empathyとsympathyとが出てきます。empathyとsympa－
thyの違いは大きいので、話は面倒になりますが、とりあえず、empathyとして

の感情移入について述べます。

　大事なのは、「まるで、我がことのように」の部分です。empathyとしての感情移入は、相談をしてきた人と同じ感情になることではなく、自他の区別を意識する構えを失わないで相手の感情を受け止めることです。立ち位置が相手の方になってしまうのではなく、あくまでも自分の立ち位置で相手の内面を感じ取ると言ってもいいかもしれません。要するに、できるだけ我がことのように感じようと努めるが、扱っている感情は自分のものではなく相手のものであるという構えを失わないでいる状態のことです。

　感情移入し過ぎるというのは、たいていの場合、相手の感情に呑み込まれて、それが相手の感情でなく、自分の感情になってしまっています。ですから、対応策は、相手の感情と自分の感情を切り分けることなのですが、これができるようになるにはある程度の訓練が必要です。その訓練の中核は、強く気持ちを揺り動かされる事柄の感情には、自分の弱点（より正確には複雑で自分の中でよく整理がつかないままにおかれている感情）が関係しているが多いので、自分の弱点を自覚して、それを乗り越えることとなります。過去の自分の嫌な思い出を呼び起こさざるを得なくなるなど、結構辛いものです。まずは、自分がどういう感情や事柄に弱いかを自覚することが必要かと思います。

　また、相手の感情に呑み込まれてしまう人は、自他の区別ができにくくなる人（自我境界があいまいになる人）とも言えるのですが、そういう人は自分というも

95

のがしっかりと確立していないことが多いです。多少のことでは揺り動かされない自分というものがあれば、感情移入しつつも過剰に動揺することはないと言えます。しかし、そういう自分には一朝一夕になるものではありません。これに関しては、人生経験や臨床経験を積めば、自分は徐々にでも成長していくだろうと楽観的に構えておくほうが精神的に健康です。その過程に、スーパーヴァイズ等による周囲の指導・助言が必要であることは言うまでもありません。


　以上は、ある意味の模範解答ですが、まったく即効性がないことは良く認識しているつもりです。そこで、比較的現実的で、臨床実践に役立ちそうな考え方を示したいと思います。

　それは、質問者の言う「感情移入」（本来の意味ではなく自他の境界の曖昧な感情移入という意味です）することは、悪いことではなく、そのために相談活動がうまくいかなくても、相談に来た人の心情に時間を掛けて沿うよう努めることに意味があると考え直すことです。感情移入し過ぎることを否定的に捉えるのではなく、肯定的に捉え直すことと言っても良いし、感情移入し過ぎるか否かという基準ではなく、相手の支援になるかどうかという基準で捉え直すことと言っても良いと思います。それができれば、案外、感情に巻き込まれずに、適切に別の視点を提示したり、法的または行政的支援の具体的方法を提示したりする余裕が生まれるのではないでしょうか。

## (2)ストレス解消法

　相談の方やクライエントの重い話を聴いてストレスを感じた場合の対応策やあったら良いサポートにはどのようなものがあるかといった質問も多く受けます。

　これは、「聴く側のダメージ（二次受傷）」でも少し触れたところですが、まずは、重い話を聴いてストレスを感じるのは当たり前であること、自分の心身にその影響が出ることは当たり前であること、誰かが心の奥底に隠していた秘密を自分だけで抱え込むのが負担なのは当たり前であることを受け入れることが大事です。自分がナイーヴ過ぎるなどと思う必要はありません。そのうえで、そのように当たり前に生じる心身の反応を緩和する方法を身に付けることが大事です。

　自分がそうだからかもしれませんが、個人的には、ストレスを職場の誰か（守秘義務を共有できる人）に聴いてもらうのが一番良いと思います。それは事実上のピアカウンセリングとなります。それが可能となるのは、経験や理解がある上司や同僚がいるという条件と、コーヒーブレイクや終業時の情報交換の時間などが用意されていて、その時間に個人的は話を共有できる職場環境にあるという条件が整っている必要があります。それがない場合には、同種の業務をしている職員同士の情報交換の場を定期的に設けるなどの措置が必要だと思います。とにかく話を聴いてもらえるだけで気が楽になります。

　自分一人でできるものとしては、仕事と離れたことに没頭する時間を作って、ストレス因と心理的に離れるというものがあります。温泉、カラオケ、ウォーキング、

水泳といった趣味がそれに当たります。ストレスを感じた直後にできるものとしては、深呼吸、筋弛緩などのリラクセーションがあります。自律訓練法も自分でできるセルフコントロール法として有効です。ヨガ、マインドフルネス瞑想、座禅といったものも良いと思います。

　また、クライエント等は、こちらに辛い状況や心情を語ることにより、抱えている負の感情やストレスを軽減しているという面、換言すれば、そうしたストレス等の一部をこちらが吸収している面があることを意識すること、つまり、相談を受けるというのは、そうした機能を持つ尊い仕事だと思うこともストレス経験に役立つかもしれません。


## （3）身構え

　心理臨床専門職を目指す学生や比較的経験の浅い専門職からは、いじめや犯罪の被害に遭った人への対応にあたって、どうしても身構えてしまうので、そうならないための心構えを教えてほしいと求められることがあります。

　クライエントの心情等にはこちらには推し量れないものがありますし、特に自分の全く経験していないことに関しては、相手がどこにどう過敏なのかも事前には想像できないことがあります。良かれと思っての声掛けが相手を傷付けたり、自分を分かってもらえないという思いに至らせることがありますから、そうした人たちへの対応に当たって身構えてしまうのは、当然です。むしろ、身構えてしまう

ようなデリカシーが必要かと思います。

　しかし、身構えて遠慮がちになったとしても、対応するのに腰が引けているとか、対応から逃げているとかと思われないことが大事です。遠慮しながらでも聴（訊）かなければならないことは聴（訊）くという姿勢は、結果として相手の心情への配慮につながります。ときに下手な訊き（聴き）をしたとか、言い方をしたと反省することがあるかもしれませんが、そのときは、すぐにお気を悪くされたら申し訳ありませんと謝ることです。

　緊張すると、声が高くなったり、早口になったりしがちですが、すると、相手の不安や緊張も喚起させてしまいます。身構えてしまったと自覚したら、意識して、少し低めの声でゆっくり話したら良いと思います。

　気分が重くなったり、相手への気遣いに疲れたりするとは思いますが、それが自分の役目のうちだと意識することと、そうすることが、クライエント等の心情安定や解決への糸口探しにつながると考えること、そちらに意識を集中することが過度の身構えを弱めてくれると思います。。

　あとは慣れです。自分の想像を超える体験を共有するのは精神的に負担ですし、「普通に」接するのは確かに難しいです。しかし、良いことかどうか疑問がなくはありませんが、やはり慣れます。この慣れを早くするには、先輩や同僚がした経験を共有する機会を持つことが有効です。その意味でも、スーパーヴァイズを受けることや職場内・職域内で体験を共有したり、そこが主催する研修会

や勉強会に参加するのは有益だと思います


## (4)話が分かりにくい／通じにくい

　クライエント等の話が分かりにくいとかこちらからの説明が通じにくいとかの場合にどうしたら良いかという質問も良く受けます。

　相談の内容がそもそも入り組んでいて複雑な場合のほか、経験したことのショックで混乱している方、現にいじめなどの被害を継続的に受け続けている方もいらっしゃり、その中は、一時的に視野が狭まっていたり、思考・判断の客観性が損なわれがちになっている方もいらっしゃると思います。

　また、認知症その他によりこちらの言うことの理解が難しい方、日本語能力が不十分な来日外国人等の方、耳の遠い方、言いたいことや訴えたいことを言うばかりで、こちらの説明等に耳を貸してくれない方がいらっしゃると思います。そのような相談者への対応に苦慮しているとおっしゃる方は、皆さん押しなべて、根気よく話を聴き、相談者のニーズに応じて適切な支援をされている方たちです。つまり、時間を掛けて丁寧に対応しているからこそ生じる質問です。先にも述べましたが、丁寧に聴いていると、そのうち、つながらなかったエピソード同士の関係がおぼろげながらに見えてきたり、相手の困りごとの中心が見えてきたりしますので、とりあえず、そうなるまで聴くしかありません。ある程度話の内容がつかめたところで、こちらから前後関係はこのようになっていると理解している

がそれで良いかとか、さっき話していたエピソードと関連しているのか、と確認の質問をしていき、話を整理するように方向付けていきます。この作業は、こちらの頭の整理になるばかりでなく、相手の頭の整理にもなり、うまく行けば、相手が自分で解決策・対応策に気付くことも期待できます。そうしてニーズが明確化されたら、ニーズに応じた支援を提案していく段階に入ります。

　そのような人は往々にして、こちらの説明もすんなりとは理解してくれません。ゆっくりと分かりやすく、具体的には、ポイントポイントで間をおいて、あるポイントが分かったことを確認して次に進むこととなります。相談の際の契約の内容や制度の説明では、分かりやすい言い換えが必要となる場合があります。こうした工夫については、先輩たちが蓄積してきたノウハウを共有するのが現実的かつ効果的です。できれば口伝ではなく、ヒント集とか備忘録の形でまとめてあると便利です。説明の仕方だけでなく、それぞれの相談機関特有の問題はあるはずなので、それに関するノウハウの蓄積・共有は、相談内容につながる重要課題だと思います。ただし、それは、「言うは易く行うは難し」です。というのは、この種の工夫は事例の特性に応じて臨機応変になされるものであり、ある事例で有効であった方法が別の事例では有効ではないといったことが多いからです。つまるところ、いくらノウハウを蓄積したところで、その場面でどのノウハウを使うかは、担当者任せということになります。しかし、それでもなお、対応方法のレパートリーを増やすことは必要だと思います。

なお、一般的にもそうですが、特に認知症が疑われる方には、子どもに言って聞かせるような雰囲気にしないことに配慮が必要です。腹を立てて興奮して、一層わけが分からなくなる可能性があります。電話相談や受付段階で、統合失調症や妄想症、妄想性パーソナリティ症が強く疑われる場合には、事実関係の聴取はあっさりと行うに止め、辛い思いや嫌な思いをしていることには理解を示しつつ、あまり深く聴かない方が良いです。また、どこかに紹介する場合には、紹介先の機関等にも面接等の状況を伝えておくと良いです。いずれにしろデリケートな対応が求められます。普段よりも少し時間が掛かるのは覚悟しないといけないと思います。


## (5)肝心なことを話してくれない

　ご相談の方が、自分のことを相談しているにもかかわらず、相談を進める上で肝心だと思われることや必要な個人情報を教えてくれない場合、どう対応したらいいかという質問をいただくことがあります。

　相談における個人情報に関しては、一定の例外を除き「秘匿」することや当方の守秘義務について説明を受け入れてくれているように見えていても、こちらにとって大事だと思うところを曖昧にしか説明しない人は結構いらっしゃいます。また、何度か面接を重ね、そこそこ信頼関係が築かれ、いろいろ個人的なことを話してくれるようになってから、しばらくして「実は・・・」と、それまで話してくれな

かった大事な秘密を話し始める人もいます。

　まずは、話してくれないことは普通のことである、特別のことではないと認識することが必要かと思います。自分に信用がないからとか面接技術がないからなどと思う必要はありません。仮にそうだとしてもどうしようもありません。

　ご相談の方が重要なことを話さないわけはいろいろでしょうが、わけはあるはずです。相談を受ける側としては、わけがあって話したくないのだと受け止めることと、その姿勢を相手に伝えることが重要です。「そこらへんはちょっと・・・という感じなのですね」、「お話にくいことをおうかがいして申し訳ありません」などと言って、別の話題に移るのが良いと思います。いずれは話してくれるはずです。ただし、相談を受けるに当たって必要最小限のこと、例えば、連絡先、関係者の現状、主治医の有無、服薬状況などに関しては、その情報が必要である理由を説明して教えてもらうことになります。

　また、こちらが個人情報の漏洩はしませんとか、秘密は守りますとかと宣言しても、いわば口約束に過ぎないから信用できないと思うクライエントもいます。そのような人には、法令（または〇〇規程）により我々には「守秘義務」が課されていますと説明するのが良いと思います。

　相談はしたいが、自分にとって必要な若しくは利用価値のある情報や対応策を知りたい一方で、そのようなニーズの背景にある事情は話したくないという人もいます。相談を一方的に利用したいという姿勢です。そういう人はあれこれと

想定を変えて、こういう場合はどう考えるべきかとか、どういう対応方法があるかといった具合の質問をしてきがちです。いろいろ情報を集めて、自分なりに取捨選択するというつもりなのですから、もっと多くの事情や条件を把握しないと自信をもって答えられないとの前提を強調しつつ、できるだけ多くの選択肢を示すことが適当だと思います。

## (6) 話に割り込めない

　電話受付やインテーク面接に関する質問に比較的多いものに、相手の話を聴く時間には一定の制約があるにもかかわらず、相手の話が延々と続き、必要な聴き取りや説明の時間が取れなくなりがちなので、相手の話をうまくさえぎるタイミングや言い方を教えてほしいというものがあります。

　延々と話し続けて、こちらに話させてくれない人は比較的多くいらっしゃいます。そういう人の話し方の特徴は、文章と文章の間にあるはずの息継ぎがなくて、こちらが口を挟みにくいというものです。しかし、よく観察すると、実際には息継ぎのタイミングが普通とは違っていて、「第一の文章　＜マル＆息継ぎ＞＋接続詞＋第二の文章・・・」となるのではなく、「第一の文章＜息継ぎなし＆接続詞＞・・・＜マル＆息継ぎ＞＋第二の文章・・・」となり、結果として、こちらが普段行っている文章の切れ目に口を挟むという手段を採るタイミングを逸することになっているようです。また、このタイプの人は概して話が長く、同じ内容の繰り返し

が多いです。

　これはその人の話し方の癖で、そういう話し方をする人は誰に対してもいつでも同じような話し方をしていることが多いです。したがって、話をさえぎられたり、もう少し端的に言ってくれないかと文句を言われたりする経験を多くしているはずです。ですから、話をさえぎられたりすることに対してこちらが思うほどには不快な感じを持たないように思います。問題は、言い方です。詳しくは後述しますが、要は遠慮がちに口を挟む感じが大事です。

　しかし、そういう癖を持つ人でも、その癖が強く出るときとそうでないときがあります。癖が強く出るときは、相手に意見を言わせたくないとき、質問されたくないときです。意見や質問をされると都合が悪いので、とにかく口を挟ませないようにしゃべりまくり、自分の主張だけを受け入れさせようとしているように見えます。ですから、そういうときに口を挟むと、それを無視したり、「ちょっと待ってください・・・」と言ったりして抵抗し、言いっ放しの逃げ切りを図ります。もちろん、重要な事柄についてはこれを放置するわけにはいきませんが、こちらが困らなければ、突っ込まれたくないところには触れないでおいて良いと思います。

　また、言いたいことがたくさんあるのだけれど、うまく整理して話ができない人の場合も、とにかく言いたいことを全部言ってしまおうとする傾向があるように思います。

　それがその人の話し方の癖だと分かっていれば、あまり気にせずに話をさえ

ぎることができるのですが、初対面の相手の場合には話をさえぎるのはやはり気が引けます。気が引けるということは相手のペースを尊重していることにほかならず、良いことだと思います。また、言っていることの前後関係等が良く分からなくても、聴いているうちに分かってくることも多いので、とりあえずは相手のペースで話してもらい、当方に話を聴く姿勢があることを分かってもらうことが重要かと思います。

　さて、本題の口の挟み方ですが、待っているといつまでも口が挟めないので、話が一回りした（同じことを再度言い始めた）タイミングか、またはある程度相談内容の概要がつかめたタイミングで、強引に口を挟むことになります。「ありがとうございます。ここで、お話しいただいたいことを確認させていただいてよろしいでしょうか」、「少しお話を整理させてください」、「つまり、○○ということでよろしいでしょうか」といった言葉掛けになろうかと思います。相手の声と被ることになっても仕方ありません。相手がある程度話したいことは話したと思っている状況では、たいていの場合、今度はこちらが話す番だと思ってくれます。経験上、「傾聴」ができていれば、その後のこちらからのコントロールは案外すんなり受け入れてもらえます。

　話が分かりにくいとか、言っていることに矛盾があるとかと非難しているという印象を持たれないように、あくまでより正確に理解するために確認や質問をするという姿勢を強調しつつ口を挟むのが肝要かと思います。また、そういう人を相

手にする場合は、通常よりも時間と手間が掛かるのは仕方ないと思います。


## (7) 知的な問題がうかがわれる

　同じように一方的に話して、こちらの言うことを聞いてくれないという場合では、話のまとまりが悪いなどの特徴から、相談者に知的機能や認知機能に問題があるのではないかと疑われるときがあります。

　この場合、まず頭に置いておくべきことは、そのような方は、関係者と折衝してもうまく自己主張ができないとか、何か質問されると適切な回答や説明ができない傾向があるということです。そもそもどこにどのように訴えるかということさえも思い付かないということもあろうかと思います。そうした方たちこそ本当に相談を必要としているはずです。

　さて、障害(注1)のある方との対応方法は、障害の種類、程度によりケースバイケースであるとしか言いようがありません。しかし、基本原則があるとすれば、結論を早く得ようとせずに根気強く聴くことと、相手の理解度を探りながら繰り返し分かりやすく説明することだろうと思います。

　知的能力に問題がある場合は、理解力や表現力に制限があるほか、被影響性や被暗示性が高くて、質問者の質問内容に誘導・影響されて発言内容が変わることが間々あります。実際に、児童虐待事件では暗示・誘導による重大な冤罪事件(注2)が起きています。こちらでストーリーを想像（創造）して、それに基づ

いて質問することはもちろん、児童の心情を思って、先走った形で、それは痛かったでしょうねとか、嫌だったね、楽しかったねといった共感的な反応をすることも誘導につながります。絶対にしてはいけません。そこで、暗示・誘導を生じないようにシステム化されたのが「司法面接」(注3)という面接手法です。そこでの知見は、年少者だけではなく、知的障害を含む弱者に対する面接においても非常に参考となるものです。

　私は司法面接の専門的訓練を受けておりませんが、参考書を読んだり、研修を受講したりして理解している範囲では、司法面接では、まずは、時系列や状況や登場人物情報が全く整理されていなくても、自分の経験したことを全部話して良いのだという雰囲気作りと、面接者との関係作りが重要なようです。被害者は、こちらからすれば理解しにくい話をしているのですが、分かりにくさ（整合していない部分）を指摘されると、聴取者にとって分かりやすい話、辻褄の合う話にしようと加工してしまうことがあります。その場合、全体を見通して加工してくれれば、客観的事実関係からは離れるとしても分かりやすくはなるのですが、実際には、全体を見渡すことができずに、切り取られた各部分における辻褄は合うが、全体の辻褄は合わないという結果になります。自由に話してもらっても、いずれ前後関係や状況が了解可能になりますから、「それからどうなったのですか？」、「そのときあなたは（相手は）どうしたのですか」といった、話を継ぐための合の手以外は入れずに自由に話してもらい、それを辛抱強く「聴く」ことが

108

結果として近道となります。質問したいことがあっても、話をさえぎっての質問は控えます。繰り返しとなりますが、「上手に話そうと思わず、普段どおりの話し方でいいですよ」という雰囲気を作ることが重要となります。

　あらかた話を聴き終わった後に、確実に客観的な事実だと思われることを整理して、「このような内容だと理解しましたが、合っていますか？」、「違うところありませんか？」と確認し、話の中で矛盾があったり、理解ができなかったりした部分について、「〇〇のあたりのことに関して、もう一度詳しく教えていただきますか？」というように進めていくことになります。この際に強く留意しなければならないことは、「分からないことは、分からないと言ってください」、「覚えていないことは、覚えていないと言ってください」と伝え、相手に本当にそれで良いと思ってもらうことです。話の辻褄を合わせてしまうことを防ぐためです。もちろん、言っていることが矛盾する・整合しないという場合でも、それを指摘するのはできるだけ避けます。面倒でも「もう一度、その部分を順に説明してもらえますか？」というような問い掛けをすることになります。イエス・ノーでの質問は、最後の最後の確認場面でしか使いません。

　この種の相談があったら、時間が掛かると腹を括り、結論を得るのを急がないこと、先走りしないことが重要だと考えます。

　以上、知的障害が疑われる場合の対応について述べましたが、認知に歪みがあるのではないかと疑われる場合の対応については、次節で触れたいと思い

ます。

　なお、児童虐待の場合には、児童虐待防止法に基づき通報の対象となりますし、性犯罪被害が疑われる場合は、面接により記憶の汚染をしてはいけないだけでなく、裁判でその可能性を指摘され、結果として本人に不利になる場合があるので、警察や被害者支援センターに連絡して、できるだけ早い機会に司法面接を受けるように手配することが必要となります。


　注1：障害、障がい、障碍の3種類の表記がありますが、法律や国の公式文書では「障害」の表記を使っていますので、ここでも障害と表記しております。

　注2：例えば、アメリカ・ロサンゼルスで起きたマクマーティン保育園事件があります。この事件は、1983年に保育園児の保護者が、保父が性的虐待をしたとして訴え、保父側がそれを否定し、実父による性的虐待ではないかと主張したのを契機に、全保育園児に対する調査が始まり、最終的には360人もの偽の「被害者」が見出されたというものです。この調査において誘導質問があったとされたことが、司法面接の開発につながっています。裁判は1984年から6年間続き、全容疑者に証拠がないことが明らかになっています。

　注3：司法面接に関しては、仲真紀子（2016）「子どもへの司法面接」有

斐閣　など、仲先生の著書が詳しいです。


## (8)認知機能に問題がうかがわれる

　犯罪被害者相談の担当者からは、認知に歪みが感じられる「被害念慮」の強い方への対応方法についてアドバイスを求められることがあります。おそらくご苦労があるのだろうと思います。そこで、合理的根拠がなく被害感を持っているとか被害感が強すぎるとかいった場合について考えてみます。

　「被害者」若しくはその関係者として相談してくる方に関しては、被害を訴えるのが当たり前であるのはもちろん、被害の程度や被害に至る経緯、被害を受ける不安に関する説明において主観的色合いが濃くなるのも当たり前だと強く認識する必要があると思います。つまり、過剰と思えるような訴え方をするからといって、被害念慮が強いなどとの判断はとりあえず保留しておく必要があるということです。

　はじめに、念のため被害念慮と被害妄想との違いについて確認しておきたいと思います。

　被害念慮と被害妄想とは、持っている観念・信念や思考プロセスの不合理さを指摘されればそれに気付くことができるかどうか、観念・信念の訂正が可能かどうかということで区別されます。前者は訂正可能、後者は訂正不能という区別です。前者は、気にすべき何らかの事実や経験があって、被害を受けることを

度を超えて気にし過ぎることで、後者は客観的な事実や経験がなくても何か被害を受けるに違いないと思ってしまうという説明の方が分かりやすいでしょうか。

　被害妄想があれば、何らかの精神障害を疑うことになりますから、両者の間には質の違いがあることになります。とはいえ、被害念慮があるというときも、観念・信念の不合理性を指摘すれば、その場では訂正可能だがすぐに同じ不合理な観念・信念が浮かび上がってくる場合から、自分の観念・信念の不合理をすぐには受け入れ難いが、順を追って説明すれば納得して訂正できる場合までを含みます。前者はかなり妄想に近いです。グレイゾーンがあることも否定できないところです。また、被害妄想にしろ、被害念慮にしろ、被害を受けているとすること以外には妄想的なところはなく、社会生活上の支障は小さいことも確認しておきたいところです。

　相談窓口で対応に苦慮するのは、おそらく妄想に近いと思われるほど訂正が困難であったり、頭では問題ないと思いつつも被害感が再燃してくるといった、被害妄想に近い被害念慮のある方だと思われます。身近なものでは、認知症に伴う被害妄想・被害念慮があります。物盗られ妄想がその代表です。自分でどこかにしまったのに、それを忘れて誰かに盗られたと思い込むわけです。加害者だと疑う相手は、身近にいて自分を世話してくれる家族やヘルパーさんとなりがちですので、加害者と疑われる方にしたら癪（しゃく）に障ります。

　認知症では、ほかに見捨てられ妄想、迫害妄想も多いとされます。いずれも

112

背景には、しっかり者の(物忘れなどしていない)自分でありたいという気持ちや、耄碌(もうろく)したと思われたくない気持ちが強く認められます。見捨てられ妄想等も、背景には自分が家族などにとって価値のない人間だと思われたくない気持ちがあります。ですから、妄想内容を否定せずに、「〇〇が見当たらないのですね」、「〇〇のときに誰も話しかけてくれなかったから寂しくなったのですね」などと、相手の立場に立って話を「聴く」ことが基本となります。

　認知症に伴うものでなくても被害妄想的な人への対応は、とりあえず否定せずに根気強く「聴く」のが大事です。否定をすれば、かえって不合理な観念にしがみついてしまいがちです。また、軽くあしらったり、論破したりして、相手のプライドを傷付けないことも大事です。

　なお、否定せずに聴くとは言っても、被害感に同調してその内容を強化したり、発展させたりしないようにするのは言うまでもありません。距離感をもって、困っている感じや不安などを受け入れつつ、言っていることを事実として受け止めていると思われないように気を付けます。その上で、被害念慮の程度や背景にある病態を推測しつつ、相手の考えに含まれていない視点や因果関係に関する推論を提示して、自分の考えを振り返り、訂正する余地があるかどうかを確認しつつ、客観的情報と思われることと主観的情報とを切り分けながら聴取することになるのではないかと思います。また、精神科領域の相談機関等につなぐことも試みたいところです。

被害妄想や被害念慮の背景にある病態には、統合失調症、妄想症（妄想性障害）、覚せい剤等の薬物濫用に伴う精神障害、認知症などがあります。また、もともと被害感の強い人が、対人不適応に伴う対人不信、社会的孤立などによって、それを強めるということもあります。そういう人の相談の聴取にあたっては、まずは、辛い気持ちや状況といったものを受け止め、共有することに注力すべきだと思います。


## (9)相談の中断

　相談の予約の調整をした後に、連絡が取れなくなる場合にどうすればよいかという質問を受けました。

　連絡が取れなくなる理由には様々なものがあると思います。①問題が解決して相談の必要がなくなった場合のほか、②体調を悪くして連絡を取りたくてもそれができない場合、③相談してみたが、それが自分の期待していたものと違うと思った場合、④問題が解決した場合、相談の電話をしていろいろ話をしたら自分の中でそれなりの気持ちの整理がついた場合、⑤相談する気持ちがなくなった場合などが考えられます。

　その理由を知るためには、連絡先として指定されているところに何度か連絡してみて状況や意向をうかがうということ以外にはなく、それでも連絡がつかない場合には相談を打ち切りとすることになります。その際は、連絡を試みたが不

通であった旨の記録を、連絡した日時とともに残しておきます。

　事務的にはそれ以上のことはないのですが、相談を受ける側とすれば、連絡が取れなくなった理由が、先に挙げた5つ目の理由である「相談する気持ちがなくなった」ではなかっただろうか、そうなったことに自分の対応ぶりが悪かったせいではないかということがどうしても気になります。相手とのやり取りを振り返り、自分の対応に問題はなかったかどうかどうかの自己点検したいものです。仮に問題があったかもしれないと思ったら、その体験を次に生かすことが求められます。しかし、実際のとこと、対応に問題があったときは、たいていはその場で気付きます。ですから、事後の自己点検は過剰に行う必要はないと思います。

　このような質問に接していつも思うことは、相談担当者には、クライエントから、「もう相談した件は解決しました」という報告はもちろん、「お陰様で・・・」とか「お話を聞いてもらってありがたかった」などというポジティブなフィードバックはないことが多いということです。特に、インテーク面接だけ担当したとか、受付担当として担当者決めの調整に苦労したとかといった人には、結果のフィードバックは、望ましい形で終結した場合も含めてほとんどないのが実情です。相談の方からのフィードバックが欲しいというのはないものねだりかもしれませんが、仲間同士ではこうしたフィードバックはしたいものです。また、組織全体で、差し支えない範囲で支援の顛末を共有することはやりがいにつながるかもしれません。

115

## (10) 言葉遣いと話し方の自己点検

　相談のロールプレイング研修の録音やスーパーヴァイズ等で実際の相談場面の録音を聴かせてもらった際によく感じることを述べたいと思います。

　経験の少ない人や若い人の場合、相手に失礼になってはいけないという思いから丁寧な言葉遣いを心掛け、その結果、話が婉曲になって分かりにくくなったり、曖昧になったりする場合があります。丁寧であることは重要ですが、そのために婉曲になったり曖昧になったりしたのでは、まずいです。

　また、婉曲や曖昧が「逃げ」、「責任回避」の印象や担当者に自信がないという印象を与える場合もあります。丁寧かつ分かりやすいのが理想ですが、どちらかを優先するとなると分かりやすさの方です。

　逆に正確を期すことに気をとられ過ぎて、相手には馴染みがないであろう法律用語や専門用語を使いがちな人もいますが、これも感心しません。正確に話そうとしてもそれが伝わらないのであれば意味がありません。

　相手本位という原則を意識しながら、自分の対応の録音をときどきは点検したら良いと思います。

　話し方の癖に関しても気になることは多いです。

① 「○○は行います」、「○○とは思います」、「○○にはなります」というのが
　　口癖のようになっている人がいますが、「は」は余計です。この「は」は、言っ
　　たことに限定を掛け、言ったこと以外は「しない」「思わない」という含みを持

つことになります。「とは」「には」には、言ったこと以外の可能性を含む印象を与えます。また、婉曲・曖昧と同様に、「逃げ」、「責任回避」、「自信がない」という印象を与えかねません。

② 「○○で良いと思います<u>よ</u>」、「○○で大丈夫です<u>よ</u>」の「よ」と、「○○なんです<u>かね</u>」「大丈夫です<u>かね</u>」の「かね」も人によっては気に障ります。優しい言い方に聞こえる人もいれば、上から目線の言い方に聞こえる人もいます。特に、「よ」と「ね」が「よー」と「ねー」と伸びてしまうと良くありません。自分より年上の人には、相談場面だけでなく、普段から使わない方が無難だと思います。

③ 「○○があります」と言えばよいところ（該当するものが一つしかないものを指して言うとき）、「○○<u>も</u>あります」と言ってしまいがちな人もいます。言わずもがなですが、「も」を付けると言ったこと以外のこと「も」あることになってしまいます。

④ 何かを話す前、特に質問に対して答える前に「そうですね・・・」と挟んでしまう人も結構います。明確には答えられないとか、答え方に迷っているときに「そうですね・・・」と前置きするのは自然なのですが、具体的・明確な答えが求められているときや、明確な答えが用意されているときにでも「そうですね・・・」と前置きしてしまうと、頼りない印象を与えます。実際に自信がないのであれば致し方ありませんが、癖ならば気を付けて直すほうが良いです。

117

⑤ 相手との上下関係を示してしまうような言葉にも敏感にならないといけません。特に年長者を相手にする場合はそうです。「了解しました」、「ご苦労様です」、「なるほど」などは、ビジネス系の言葉使いの本(注1)では、目上の人には使ってはいけないとされています。相談に来られる方は目上の人ではありませんが、目上の人として遇して敬意を払う方が良いです。特に年上に人に対してはそうです。普段から自分の言葉遣いを自己点検しておくことを勧めます。

⑥ 謙譲語と尊敬語の使い分けも慣れていない人には難しいようです。社会常識と臨床力は、本来相互に独立の要素ではありますが、相手には関係あるように思われがちです。拝見する／ご覧になる(ご覧いただく)、申す／おっしゃる、いたす／なさる、いただく／召し上がる、参る・うかがう／お越しいただく・いらっしゃる、うかがう／お聞きになる、あたりが比較的よく使う言葉かと思います。良かれと思って使った尊敬語・謙譲語が逆であったら、やはり相手には失礼です。使い慣れない敬語等は無理して使う必要はなく、言い方に丁寧さや敬意が込められていることの方が大事です。

⑦ これと関係して、ことわざや金言を使って、相手の言ったことを明確化したり、意味の反射・要約をしたりするのが効果的な場合もありますし、相手が自分のことをことわざや金言で表現することもあります。意味を取り違えるといけませんから、ことわざや金言も正しく理解しておく必要があります(注2)。もし、

意味が良く分からない場合には、相手に聞くしかありません。「聞くは一時の恥、聞かぬは一生の恥」ならぬ「聞かぬは臨床に悔い」です。


注1：例えば、関根健一（2023）無礼語辞典　大修館　があります。

注2：例えば、浜田経雄監修（2014）　知っていますか小学校で習った日本語　サンリオ　があります。

## 8 犯罪非行臨床の要諦

　犯罪加害者側の心理や矯正、立ち直り支援について知りたいという、犯罪非行臨床に関心を持つ人を増やしたい私にとっては、とても有難いご要望をいただきました。

　私は、法務省での30年間を含め、なんやかやで40数年犯罪加害者の心理査定や更生支援の仕事にかかわってきています。しかし、彼らの心理はまだまだ分からないことだらけですし、彼らの矯正や立ち直りに何が役立つのかということについても明確な答えを見出していません。統計的には、再犯リスクの高い人／低い人を分けることはできますし、ある程度のタイプ分けもできます。当然、どういうタイプの人にはどういう支援が有効であるという知見も蓄積されています。しかし、それはあくまで統計上の話であって、目の前の特定の誰かにその統計的推論が当てはまるどうかは別問題です。

　確実に言えることは、生まれながらの犯罪者はおらず、皆、家庭環境面、生育環境面、資質面（知的機能、認知機能など）などで、大きなハンディキャップを抱えていて、それ故に社会から疎外されたとか、社会適応に失敗したとかの経験があり、その結果、生き場所・居場所を犯罪に求めた（求めざるを得なかった）という人がほとんどであり、その意味で気の毒な人たちでもあるということ、ある意味、加害者であると同時に被害者性も有しているということです。特に、非

行少年(少年犯罪者)相手では、ほぼすべての事例でそのような思いを強く持ち、自分も同じ環境であったら犯罪者になっていたかもしれないと思いながら仕事をしていました。暴力団員に国籍問題や出身地域問題を抱えていることが明らかに多いことや、少年院在院者が同年齢の少年に比べて、明らかに実父母率、高校進学率が低く、被虐待経験率が高いことなどを見れば、それが納得できると思います。

とはいえ、同じようなハンディキャップを抱えていても犯罪をしない人がいることもまた確かです。結果的に犯罪を選んだ者と選ばなかった者には大きな違いがあります。

犯罪者は、価値観の面でいうと規範遵守は絶対的なものであるという信念が相対的に弱いです。また、パーソナリティ特性の面では、衝動統制力・自己コントロール力(自律性)が弱いです。他方、生き方や対人関係に目を向けると、自分が犯罪を行ったときに「失うもの」、「失う人(悲しむ人)」を持っていない場合が多いです。そのため、苦境に陥ったときや心理的・対人関係的・経済的に追い詰められたときに、辛抱強く解決策を探すよりも短絡的に安直な解決を求めがちになると言えます。

このことは、逆に見れば、追い詰められなければ犯罪をすることなく過ごせる人たちだということになります。したがって、更生支援には、住むところがあり、ある程度のお金(仕事)があり、そして、自分を気に掛けてくれて、何かの折に支

援を求めることができる人がいることが最低限の条件となります。

　10年位前に受刑歴がありながら更生を果たした人たちのインタビュー調査をしたことがあります（注1）。その中の最高受刑回数者は、70歳台後半の人で、70歳ころまで計19回受刑していました。19回のうちの最初の2回は強盗で、20歳台初めから30歳台半ばまではほぼ塀の中で生活しており、3回目から19回目までの受刑は長くて3年程度の詐欺という罪名の無銭飲食でした。ざっと計算して20歳以降で40数年刑務所生活をしているわけです。この人曰く、自分が再犯しないのは、最後に出所したときに自分を気に掛けてくれ、住むところを探してくれたり、生活保護の手続きを手伝ってくれたりした更生保護施設（注2）の職員と出会えたからだとのことでした。彼は、住居や生活保護に関して感謝するよりも、「自分を信用してくれた」、「自分を気にかけてくれた」ということを強調し、「信用してくれる人を裏切れない」と何度も言っていました。

　ほかにも少年時代からずっと窃盗と放浪を繰り返していて、離島を含めて日本国中行ったことのないところはないと豪語し、その窃盗行脚歴を語ってくれた人もいました。彼もお会いしたときは5年以上再犯せずにいわゆる正業に就いて真面目に働いていたのですが、インタビューでは、一番自分に合っている生活は誰とも交わらない窃盗行脚生活であり、本当はその生活に戻りたいと思っているのだと言っていました。それでも5年以上再犯していないのは、自分を信用して仕事をさせてくれている雇い主がいるからであり、雇い主が自分を信用し

122

てくれている間は再犯できないとのことでした(注3)。

　こうした例を見れば、更生支援は支援者という存在があってこそはじめて実現すると言えると思います。

　しかし、犯罪者の多くは根深い対人不信感、自己否定的感情、人生に対する諦めの感情、堪え性のなさを持っているので、しっかりとした信頼関係を築くのは並大抵のことではなく、裏切られることを承知の上でででないと支援できません。実際のところ、更生支援者の多くは成功事例よりも多くの失敗事例を経験しています(注4)。彼らを受け入れ、かつ、彼らも受け入れられていると感じるような包容力と人間力が必要です。簡単なことではありません。彼らを支援するには覚悟が必要です。

　一般の方々には、せめて彼らを特別視しないで、「普通」に接してほしいと思います。隣に住む人が犯罪者であるかどうか分からずに生活している人がほとんどです。犯罪者と分かった瞬間に特別視が始まることを考えれば、犯罪者と分かっても素知らぬ顔をして付き合えば良いだけだと言えます。(それも容易なことではないと思いますが…)

　もうひとつ、彼らを付き合ううえで必要なことは、彼らは結構常識がないということを知っておくことです。自分の持っている常識と違う常識の世界にいると言っても良いかもしれません。〇×で常識テストをすれば、それほどひどい点数はとらないとは思いますが、現実場面で常識的行動をとりづらいことは確かです。

123

悪気はそれほどないのだけれど、誰かに迷惑をかけたときや失敗したときに、すぐに謝れない、謝り方を知らない、場面に応じた口の利き方を知らない、ちょっとしたことで馬鹿にされたとか、疎外されたと感じやすく、かつそれをすぐに攻撃的言動につなげてしまうといったところがあります。お互いに慣れるまでは、そこらにはあまり目くじらを立てないでいてもらえれば、徐々に関係は良くなると思います。

　一般の方には、そういう彼らに対して受容的態度をとることを求めるのは難しいですが、専門職として彼らとかかわることがあったら、彼らという存在を受け入れる、非常識なところも案外健全なところも含めて一人の人間として受け入れるという姿勢でいることが大事だと思います。


　　注1：調査のうちの高齢者を対象とした部分は、細井洋子・辰野文理編著「高齢犯罪者の総合的研究」（風間書房、2021）に掲載されています。

　　注2：更生保護施設とは、刑務所等の矯正施設から出所する人や保護観察中の人などのうち、適切な引受人や住居のない人の自立更生を支援するための法務省保護局所管の施設です。

　　注3：インタビュー内容を個人情報抜きで公表することについては書面をもって了解を得ています。

　　注4：私はわずか2年間ですが、保護観察官をやったことがありますが、そ

のときにお付き合いさせていただいたベテランの保護司の先生たちは、例外なく受け持ちの元犯罪者や元非行少年の「裏切り」や「嘘」を経験していましたが、それを承知でいつでも家と心の扉を開いて待っていてくれました。つながりを絶たずにいることで、彼らが本当に困ったときに相談に乗れるという人間関係を維持してくれていました。

# 9 「面接」をする・考える

　心理臨床を志す人の多くは、将来、心理面接、心理カウンセリングをすることをイメージしていると思います。そこで、面接について考えてみたいと思います。

　以下は、矯正施設(刑務所、少年院など)の職員向けの「刑政」という月刊誌に連載した「『面接』をする・考える」(注)を書き直したものです。ところどころに犯罪非行臨床特有の問題が出てきますが、犯罪非行臨床における面接は一般的な心理面接と本質的には違うところはありません。

　　注:川邉讓(2010、2011)「面接」をする・考える(1)〜(6)　刑政第121
　　　　巻10号〜第122巻3号　矯正協会

## (1)面接とは

### ① 面接の基本

　面接の定義にはいろいろありますが、「人と人が会って、言葉、表情、姿勢、態度、しぐさその他、双方の人から発せられるものすべてを介して、気持ちや考えをやり取りし合う関係」という定義が一般的なのではないかと思います。

　面接は、大きくは調査型と相談型に分かれます。

前者は、相手により率直に、正確に、またはより詳細に語ってもらうことを目的とするもので、インタビュー調査などの調査面接・査定面接・採用面接などがこれに当たります。後者は、相手の自己理解や、自分特有の考え方や感じ方への気付きを促し、それらを通じて自らの行動や生き方を変えていくのを支えるところにその目的があり、カウンセリングが相当します。

　調査型であっても相談型であっても、相手（クライエント）には、自分の問題に気付く力、自分で課題や目標を見出す力、自己変容していく力があるという前提（人間観）を持ち、こちらは、彼ら自身がそのことに気付き、そうした力を育んでいくのを支えるという姿勢を堅持することが重要です。そして、彼らを、自分には自分の行為、思考・判断、感情、生き方といったものを自己の責任で決めていく力があると自己規定するように支援します。そうした力の否定や過小評価につながるような面接（例えば、「正しい答え」「正しい行動」を知識として教えようとするもの）は、彼らの内にある健康な力を引き出し、伸ばすのを阻害することになりかねません。面接は、相手（クライエント）を主役として進めるのが基本です。

　なお、こちら側で決めた目標の達成に向けて、積極的に課題を与えたり指示をしたりしていくこちら主導型の指導は、系統的な教育・訓練の範疇に入ります。相談型の面接でも、目標がこちらの決めたものではなく、クライエントが決めたもの若しくはクライエントとこちらが合意したものの場合には、教育・訓練的手法を取り入れていきます。

面接を進める基盤は、調査型・相談型とも相手との深く安定した人間関係です。その関係性こそが主観的にも客観的にも深いレベルでの「本当」を引き出すと言えます。そして、関係を築くのに一番必要なことは、相手の存在をしっかりと受け止め、尊重することです。そのためには、相手を十分に尊重しているというメッセージを身体全体から発して、それをきちんと相手に届かせることが必要です。それには、何よりも相手の話をしっかりと聴くという姿勢が重要です。面接における具体的技法ないし姿勢の基本の第一は、相手の話を良く聴くこと、すなわち、「傾聴」です。

　良い関係を築くということと親しくなることや仲良くなることとは違います。あくまでも面接で目指すものを踏まえたうえでの良い関係です。それは、相手をどう呼ぶかなど、面接の枠組みの設定の問題と関係してきますが、その問題については、後においおい述べることとします。

　また、関係性に関する意識は、面接の初期段階だけでなく、面接の経過全体を通じて非常に重要です。こちらと相手の関係性がどうなっているかを第三者的視点で点検しつつ、深めていくことが面接のプロセスそのものであるとさえ言えます。


② マニュアルの読み方

　面接の仕方を解説したマニュアルは沢山あります。しかし、なかなか書いてあ

るとおりにはいきませんし、書いてあるとおりにやったつもりでもその後の展開は書いてあるとおりにはなりません。また、あるときにうまくいった方法が別のときにもうまくいくとは限りません。

　ものの見方、感じ方は人それぞれです。また、同じ人でも気持ちはそのときの状況によりいろいろに変化します。さらに、面接する側の年齢、経験、性別、身体の大きさ、顔つきなど、修正や操作の効かない要因も、面接という関係性に影響を及ぼします。そのようなすべての条件を踏まえて書かれているマニュアルなどあるはずがありません。マニュアルどおりに行動する、あるいはマニュアルに書いていないことはしないというのでは、何事もうまく進みません。このことは、少しでも「現場」を経験すれば身に沁みて分かることです。マニュアル頼みでいるうちは、面接の能力は伸びません。大事なのは、マニュアルの底に流れる基本的考え方や精神を理解して、それに基づいて臨機応変に行動することです。これは、法令の条文の文言とその運用の関係、スポーツにおける理論（セオリー）とその実践の関係と同じです。

　マニュアルを読むときは、面接の進め方や技法を理解するだけでなく、なぜそれが求められるのかということを考えて、背景にある意味を理解することが不可欠です。そして、上司や先輩の指導を受けながらやってみて、経験を重ねることが重要です。面接の相手となる人には申し訳ない限りですが、面接は実践を通じて覚えていくしかない部分があることは否めません。何も準備しないで自

己流で面接をしてみるというのは、人体実験に等しく絶対にしてはいけませんが、完全を求めていたのでは一生経ってもうまくできるようにはなりません。

　幸い、心理臨床にはスーパーヴァイズという制度が根付いています。仮に、自分の職場にスーパーヴァイザーや指導をしてくれる先輩がいなくても、出身大学、勉強会、職能団体等を通じて指導を仰ぐことは容易です。指導をしてくれるスーパーヴァイザーにとっては、かつての自分が通った道ですし、心理臨床の底上げに寄与できるわけですから、懇切に指導してくれるはずです。もっとも相性のようなものはなくはないので、よく知っている人に指導をお願いするか、または自分をよく知っている先輩から紹介してもらうのが無難だとは思います。

　話は、マニュアルに戻りますが、マニュアルは、よく読んだ後、象徴的な意味で捨ててしまうことが必要です。マニュアルを見ながら面接をすることはできません。一旦面接が始まったら、理論や技法から離れて、相手と、相手と自分との関係に全神経を集中させる必要があります。つまり、最終的にはマニュアルよりも面接者その人が大事だということ、マニュアルに使われるのではなく、マニュアルを使いこなすことが大事だということです。これは、面接に限らず、人が人を扱う臨床現場の基本です。

　これは、「3　臨床倫理」の章で述べた、倫理綱領・ガイドラインと現場での臨床倫理の関係と同じです。

### ③ 面接の態様と面接者の在り方

　理論や技法はもちろん大事ですが、それよりもそれを使う方の姿勢のほうが大事です。これは、ベテランにではなく、経験が少ない者にこそ強調されるべきことだと思います。

　まずは、理論や技法の紹介よりも、面接をするときに実際に直面する問題を通じて、面接の基本的考え方や面接者の在り方といったものを述べたいと思います。

　面接にはいろいろな形態があります。基本は同じだとしても、その形態によって、目的や実施上の制約が違います。ですから、自分がしている、またはしようとしている面接がどのような目的で、どのような対象者に対して、どのような場所、時間帯、状況で、何回くらい行われるのかは常に意識し、面接方針を設定する必要があります。

　面接は、目的別で見ると、①パーソナリティ、精神健康度、社会適応の程度やその特徴・問題性等の査定のためのもの、②事件や事故に関する調査のためのもの、③研究のためのもの、④苦情や不服の申し立て等に伴う事情聴取のためのもの、⑤教育・指導をより効果的に進めるためのもの、⑥一定の時間枠と場所を用意しての個別相談またはカウンセリング、などがあります。①～④が調査型、⑤・⑥が相談型と括ることができるでしょう。

　面接担当者の別では、相手との関係から、①相手に日常的に接して指導す

る立場にある者（つまり、教員や上司などのように直接的に行動規制をしたり、行動等を評価をしたりする立場にあると相手に認識されている者）によるもの、②日常的には接してはいないが、直接的にはあまり接触はないが、間接的に関係のある者によるもの、③日常場面では接触のない者によるものの別があります。

面接相手の人数の観点では、①個別と②集団の別があります。

場所もいろいろです。①専用の「個別面接室」「集団面接室」で行うのが望ましく、また標準的でしょうが、②日常的指導場面・生活場面の流れの中で、それらの場の一隅で行う場合、③相談場面とは認識されにくい、日常の生活場面では行くことのない、特別な場所で行う場合など、様々です。当然のことながら、話の内容が第三者の耳に入る可能性があるかどうかにより、面接の内容や方法は大きく制約を受けます。

時間帯も、①決まった曜日の決まった時間帯に、ある程度の時間を確保して行うのが標準でしょうが、②日常的生活場面において相手の求めに応じて隙間の時間に面接する場合など、短時間で済ませなければならないこともあるはずです。また、①定期的か継続的か、②単発か、③何回かまたは何日かという期限があるかの違いも大きいです。②③の場合には、あまり複雑な内容にまで踏み込むことはせず、その場で相手の求めや問題意識に焦点を当てた面接をするか、あるいは、それを定期的な面接につなげるかどうかを念頭に入れつつ行

うことになります。

　以上、面接の形態の観点でおおまかにまとめると、①オーダー型（クローズド・ドア型）と②カジュアル型（オープン・ドア型）に分けられそうです。前者は、特別の部屋の中で決まった時間に計画的に実施するもので、面接担当者は日常的に接している者以外の、具体的に言えば利害関係のない中立的な立場の者となることが多いと思います。後者は、日常生活の流れの中で日ごろから接している者が時間や場所を問わずに臨機に行うものと言えます。

　通常、面接というと前者を指しますが、実際には、後者のタイプの面接と前者の面接がうまく連携していることが、問題の早期発見早期（即時）解決に役立つと言えます。前者と後者の連携は、矯正施設や学校のような多くの人が長時間一緒に過ごすという状況では、そこでの人間関係の円滑化にも大きく貢献しています。さらに、こうしたカジュアル型の面接がオーダー型の面接の入り口としての機能を果たしています。カジュアル型の面接では、相手からの質問なり依頼なりに、「今は応じられない」「自分には分からない」という内容の返事をする場合も多くなるのですが、相手の言うことをよく聴き、きちんと対応するという姿勢を示すことが重要です。また、ほかの人の目のあるところで個人的相談を持ちかけられたり、即時の対応が困難だと思われるような内容であったりした場合には、話は分かったと相手に伝えた上で、別にオーダー型の面接の機会を設定するべきです。

自分がこれから行おうとしている面接がどのような性質のもので、どのような条件下で行われようとしているのかを把握し、どのような姿勢で臨むかを考えるところから始める必要があります。

　心理臨床における面接は、先の分類で言えばオーダー型となりますが、矯正施設、学校、企業などでそれを行う場合、カジュアル型の面接と完全に分断されていては十分な効果を挙げることが難しくなる場合もありますので、カジュアル型の面接への関心も持っておく必要があると思います。


## (2)面接を始める前に

　以降は、心理臨床の本流であるオーダー型(クローズド・ドア型)の面接相談ないしカウンセリングについて述べていきます。


## ① 枠組み設定

　面接は、その目的、クライエントに対する自分の立場、場所、時間等により、その性質、内容が大きく違ってくるのは前述のとおりです。面接にあたっては、そうした前提条件を踏まえた上で、面接の「枠組み」を設定することが必要です。

　守秘義務とその例外の事前説明、料金、面接の目的、面接方針等も説明し、クライエントの納得を得て、つまりインフォームド・コンセントをとった上で「契約」

を交わします。インフォームド・コンセントは、クライエントの主体的判断によることが重要であり、主体的判断ができるだけの情報を、良いことも悪いことも併せて、十分に理解できる用語を使って説明することが重要となります。インフォームド・コンセントは説明と同意と訳されることが多いですが、意味合い的には説明と納得というほうがしっくりくる気がします。

　インフォームド・コンセントは面接を始める前の最も重要なことですが、実は、さらにその前に整備しておくべきことや心づもりしておくべきことがありますので、順次説明します。


## ②　場所

　「今は面接という特別な時間である」ということをはっきりさせる工夫が必要です。また、クライエントが個人的な話や他者に聞かれたくない話ができるという安心感を持てることもまた絶対条件となります。

　そのためには、他者の目に触れたり、声が聞こえたりしない専用の部屋で実施することが必須となります。また、その部屋は、生活空間とは別の雰囲気を持っていることが望まれます。椅子や机を通常の生活で使用しているものは別のものとする、壁を落ち着いた色にしておくとか、ちょっとした絵や花を飾るといった配慮をしたいものです。

　時と場合によっては、庭などのオープンスペースで行うのが効果的な場合も

あるでしょうが、基本は屋内で行います。例外的なものとはなりますが、クライエントの状況によっては、事務室に近い場所を選ぶとか観察用のカメラが設置された場所を選ぶなどの配慮も考える必要があることがあります。

　部屋は、適度に明るく、清潔感があり、机と椅子を置いたときにそのまわりに少し余裕があるくらいの広さがあるのが適当です。

　机はある方が良いです。机なしで、膝を突き合わせて話をするというのも悪くありませんが、机を置くことによって、相手との間に物理的・心理的境界が形成されし、相手側の空間が確保され、物理的・心理的安心が得られます。

　椅子は、面接担当者のものとグレードが違わないものにしたいところです。こうした配慮が、今、この時間と空間が特別であって、自分という存在が尊重されているという感覚を生み出します。


③　時間・頻度

　毎週何曜日の何時から何時までといった具合に、一定の時間帯に一定の時間を確保した上で実施するのが原則です。そして、決めた時間等は守る必要があります。これらは、スケジュール管理の問題よりも、相手に、面接の時間に向けて準備し、時間を有効に使おうとする構えを持ってもらうために重要です。また、時間や頻度を決めておくことは、相手が過剰に面接担当者に過度に依存するのをあらかじめ防止するのにも有効です。時間や頻度の設定は、面接室に

おける机の役割と同じ役割を持つといっても良いでしょう。面接のたびに次回の面接の日時を決めるやり方もありますが、面接の枠組みを定めるという意味では、できるだけ定期的に行う方が良いです。

　面接の頻度は、面接の内容等によって様々ですが、週1回から月1回の間が普通です。相手の状況によっては毎日というのもあるでしょう。一方、月1回よりも間隔が空くのは面接の継続性を保つのが困難です。何か問題を感じた都度に行う面接もありますが、それはオーダー型の特別なタイプと考えるのが良いでしょう。

　時間は、長ければ良いというものではありません。双方の集中力・精神的疲労の限度を考えれば、1時間を大きく超えて設定するのは現実的ではありません。30分から1時間くらいが標準です。

　なお、調査型の面接では調査事項の多さと調査期限の関係から、一度に何時間もしなければならないときがありますが、その場合は、間に休憩を入れてやることが必要かつ効果的です。

　時間帯は、できるだけクライエントの都合に合わせますが、こちらの事情にも合わせてもらう必要があります。実際、同一時間帯に二人のクライエントに対応することはできませんし、早朝や深夜といった時間帯では対応できませんし、仮にできたとしてもしないほうが良いです。クライエントには、自分のプライベートな時間を面接に充てるという意識を持ってもらうことも重要です。料金はもらうほ

うが良いです。クライエントの主体的関与を促し、時間を大事にして、真剣に面接に向かう態度を促すのに有効であるだけでなく、面接者の責任を明確にするという意味合いもあります。


④　回数・期間

　問題と状況により変わってくると思いますが、〇回を目途にしましょうとか、〇ヶ月間続けましょうとかと、最初に回数や期間を決めておくのもひとつの方法です。もちろん、面接を重ねるうちに、あらかじめ決めた回数や期間では不足だと思うことや、途中で相手もこちらも目的が達成されたと感じることがあります。前者の場合には、予定どおりに終わらないほうが良いと判断した時点で再度やり方について協議し、契約をし直すか、または一旦予定どおりに終了したうえで、再度の調整をするのが望ましいです。後者の場合には双方の納得のうえでやめることになりますが、一時的にうまくいったと錯覚していることも少なくないので、念のためもう1回振り返りのための面接または総括の面接をしてから終わることを勧めます。


⑤　面接者

　オーダー型の面接では、面接者は面接期間中一定であることが原則です。

そのためには、面接の目的を明確にし、相手と共有しておくことが必要です。それは、何よりも前述のとおり面接は関係性を基盤として成立するからです。

　集団面接（グループカウンセリング）の形で集団を相手に面接する場合は、メンバーは最低でも3人必要で、できれば5〜6人以上10人強以下の範囲で集団構成すべきです。また、相手が10人以上となる場合は、担当者（指導者）を複数にしておかないとメンバー全員およびその関係性の観察や集団のコントロールが難しくなります。実際には、7〜8人以上であれば、担当者を複数にする場合が多いはずです。

　集団で行う場合は、集団面接で聞いたことを他の者に漏らさない、面接の時間と日常の時間の区別をしっかりつける、暴力暴言は厳禁であることなどの約束事を最初に明確に提示する必要があります。また、担当者とメンバー間ではない、メンバー同士のコミュニケーションを活性化させる配慮、発言が特定のメンバーに偏らないようにする配慮、まじめに話し合う雰囲気が損なわれないようにする配慮などが必要となります。そのためには、机を置いて、守られている感じを確保すること、できれば円卓を、円卓がなければ机をロの字型に配置すること、導入のためのオリエンテーションをしっかりやることなど、場の設定を工夫することが必要です。

## ⑥　事前の心構え　～限界の自覚

　実際の面接のやり方について述べる前に、面接者の心構えとして付け加えて おきたいことがふたつあります。それは、限界をわきまえておくことと、自分が相 手を不用意に傷付ける可能性を自覚することです。いずれも当たり前のことで すが、面接にのめり込むと軽視しがちになってしまいがちですので、あえて挙 げておきます。

　面接には、面接担当者の能力や適性に関する限界のほか、制度上の限界も あります。まず、時間は無限ではありません。例えば、企業からの金銭的補助が 相談10回分であるとか、就学や勤務の都合で最終期限が決まっているとかで す。もちろん、矯正施設や保護観察では面接できるのは、原則として処分が継 続している期間に限られます。そうした場合には、本来もっと深い問題に踏み込 むことが必要だと考えられる場合でも、それをしないことが最適の選択となること がしばしばあります。

　また、多くの場合は、クライエントとしか面接できず、クライエントを取り巻く状 況に関する情報はクライエントをと通じてしか知ることができません。当然、情報 の偏りがあり、まわりの人との関係が美化・理想化されたり、関係改善の困難性 が軽視されたり、逆にまわりの人たちの気持ちや働き掛け等が誤解されたりして いることがあります。ですから、安易にクライエントの関係者たちを非難してはい けません。

クライエントの成育状況を知り、彼・彼女がその過程で経験した辛さを知ると、熱心にかかわればかかわるほど、自分が誰よりも彼・彼女を理解し、彼・彼女を適切に指導できるという思いが高じることがあります。そうなること自体はある意味必要なことだと思いますが、そうした思いにブレーキを掛ける構えを持つことが必要です。例えば、クライエントの親に問題があると思う場合でも、親は子どものことを小さいことからよく知っていて、それなりの愛情を持ってかかわっているはずです。加えて、親子の縁は切れるものではありません。面接者はどうやっても親の代わりにはなれません。

　クライエントの内面に生じた葛藤や不満を面接場面以外の場所で行動化させることは絶対に避けなければいけません。行動化は、クライエントの社会適応を決定的に悪くしますし、自信や自尊心、意欲を損なう原因にもなります。

　また、守秘については、丁寧に説明をして一定の理解を得ているはずだとしても、クライエントが面接場面の秘密が守られないのではないかと疑うことがあることも認識しておくべきです。ですから、守秘義務の対象となる事項を含め、できない約束をしてはいけません。

　クライエントは、自分の成育歴・家族歴、日常生活の様々な問題等について面接者側に知られていますから、隠したい秘密を隠せないという意味で弱い立場にいます。こちらが自覚する以上にクライエントはそれを強く意識しています。そのことは決して忘れてはいけません。実際、こちらとしては十分な信頼関係を

築き得ていると思って面接を進めていき、しばらくしてからクライエントから、それまで話してくれなかった別の事情や問題を持ち出されるといったことは良くあります。つまり、クライエントの十分な信頼感は、こちらの想像よりもずっと後になって形成されるということです。

相手を傷付ける場合としては、秘密の保持ができなかったときと、相手の準備性が整わない段階で、こころの傷に無遠慮に触ってしまったときなどが考えられます。面接という関係性そのものが壊れれば、面接は成立しなくなりますし、そこまでいかなくても相手の過度の防衛的態度を招くなどして、面接の効果を大きく損ないます。

面接に入る前のことばかり述べてきました。面接の技法よりも面接者の姿勢、面接という場面をどのように枠付けていくかということの方が大事だと考えるからです。以降は、実際の面接場面での問題を取り上げようと思います。

## (3)面接への導入

いよいよ面接場面のことについて考えていきます。が、その前に、案外気付かない事前の準備について、いくつか挙げておきます。

## ① 事前チェック

まずは体調管理です。面接はとても疲れるものです。たった1時間などと軽く見てはいけません。1時間の間、集中を切らさないで、よく聴いて、よく観察して、よく感じて、適切に応答していくためには、万全の体調で臨む必要があります。また、面接を始める前に少しの間、自分の神経や態度を面接モードに切り替える準備タイムをとることも大事です。

　次に、面接室を事前チェックすることです。空気の入れ替え、温度設定、机と椅子の位置の確認、ほこりやごみの除去などをしておきます。これにより、相手に面接の時間を大事に考えていることや、相手という存在を尊重していることが伝わります。


## ② 服装

　公的な場に出るときのようなきちんとした服装までは求められませんが、清潔感があり、失礼のないような服装を心掛けたいものです。これもまた、面接の時間が特別なものであること、文字どおり「襟を正して」臨んでいるという姿勢を示します。特に、初対面のときは気を付ける必要があります。クライエントがネクタイ着用でいらっしゃるかもしれません。面接者が服装や態度で独自性を発揮するのも考えものです。クライエントが面接者の服装その他に何らかの思いを抱くことを念頭に入れておく必要があります。

　堅苦しくないリラックスした雰囲気を作るためラフな格好をしたいという場合も

あるでしょうが、雰囲気作りは服装や髪型に頼ってするものではありません。制服のあるような環境では、制服または制服に準じた服をきちんと着こなし、面接に臨むべきです。アクセサリーもさりげないものにしたいものです。これは、先に述べた面接場面の枠組み設定の一つの要素になります。部外者の場合には、部外者であることを強調する意味でラフな格好に意味があるかもしれませんが、あまりラフ過ぎるのはどうかと思います。

　案外気付きにくいのが、女性の化粧・香水、男性の整髪料の匂いです。匂いに敏感なクライエントもいらっしゃいます。化粧品の類には、匂いのないまたは薄いものを使うように心掛けたいものです。


### ③　座る位置

　クライエントにどこに座ってもらって、自分はどこに座るかということも面接に大きな影響を与えます。もちろん、面接室の構造等により位置がほぼ自動的に決定される場合もあるでしょうが、その場合でも相手との距離感、真正面に座るか、少しずれるか、少し斜めの姿勢になるかは、迷うところでしょう。時と場合に応じて、椅子を前後左右に動かしたり、お尻の位置や姿勢を少し変えていくのですが、ここ一番相手と対峙しなければならないとなると、真正面で向き合いますし、相手が圧迫感を感じているようであれば、少しずれて座ったり、身体を斜めにするといった工夫をします。

小さな子どもを相手にするような場合や、相手が極度に緊張している場合などには、横に座ることや、直角の関係になるように座ることもありますが、物理的距離も心理的距離も近くなり、思いもよらない事態が生じないとは限りませんので、それをするなら誰かがモニターしているとか録画しているとかといった保険を掛けておくほうが無難です。少しずれて斜めになる場合も含めて、大まかには対面して座ることが基本です。

　クライエントの個人的空間・領域をきちんと確保する意味でも、面接者との間にあまり大きくない机かテーブルを置いておくのが望ましいでしょう。そして、その程度の距離がちょうどよい距離になります。あまり離れ過ぎていては、親密に個人的な話をする雰囲気になりませんし、こちらの権威性を感じさせたり、クライエントに何にも守られていないという不安を覚えさせたりします（多くの採用面接がまさにそれです）。一方、近過ぎると、相手は自分の領域を侵されるような圧迫感を感じる恐れがあります。ただし、重要な話になったら身を乗り出して距離を縮めます。距離感を意識し、自然に適度な距離をキープできるようになったら一人前です。

　たいていの場合は、面接室には、受付場所や待合室などの別の場所からクライエントと一緒に赴くことになるのですが、面接室のドアは面接者が開けて、クライエントを先に部屋に入れて、所定の椅子に座ることを促します。こちらが先に面接室に入って待っている場合には、立ち上がるなどして温かい態度で相手を

迎えたいものです。会話を交わす前に、面接という関係性はすでに始まっています。

### ④　最初の言葉

　前述したような形で相手を部屋に迎えた場合には、既に「どうぞそちらにお掛けください」などの言葉が出るはずですが、いざ向かい合わせに座った後に何と言って切り出したら良いものか迷ってしまいます。

　その迷いは大事です。最初の言葉が面接という関係における相手の性質や役割を規定しまうことがあるからです。例えば、「どんなことで悩んでいるのですか？」と声を掛けると、クライエントは悩みを抱えている人だと一方的に決め付けることになりかねません。相手が悩みを抱えているとは限りませんし、悩みを抱えているとしてもそれは相談したいこととは別のことであるかもしれません。

　最初の面接では、普通に「はじめまして」と言うなり、天候の話をするなり、世間で話題となっている出来事を持ち出すなりするのが無難です。秘密にする必要がないのであれば「〇〇先生（相談受付の職員）から××と聞いていますが・・・」などと切り出し、最初の話題を決めるのを相手に委ねるのがよいでしょう。また、2回目以降の面接では、「調子はどうですか？」「最近はどうですか？」といったオープンで、漠然とした質問から入るのがよいでしょう。

　また、話を聴いてあげる、何かを教えてあげるといった「上から目線」にならな

いように気を付けたいものです。


## ⑤　クライエントをどう呼ぶか

　クライエントをどう呼ぶかも悩むかもしれません。これも大いに悩んでください。これも面接者と被面接者（相談者・被調査者）の関係をどう規定するか、こちらが相手をどのような存在として見ているかということを象徴する事柄です。特にオーダー型（クローズド・ドア型）の面接では重要です。

　初対面である場合はもちろん、そうでなくても初回の面接では、相手が間違いなく本人であることを確かめる必要がありますが、そのときに、姓名を確認するか、姓だけにするか、名だけにするか、そして、さん付け、君付け、ちゃん付け、呼び捨てにするかといった選択肢があります。また、会話の中では、名前のほかに、あなた、キミといった呼び方をすることができます。私は、成人男性と女性一般には「〇〇（姓）さん」、男子少年には「〇〇（姓）君」と呼んでいました。最近は、ジェンダーの問題から誰に対しても「〇〇さん」と呼ぶのが一般的になりつつあるようです。下の名だけを呼ぶことと、ちゃん付け、呼び捨ては避けるべきだと考えます。理由は何度も述べているように、面接の場を日常生活場面や学校等の指導場面とは別の、改まった場にしたいということと、相手を尊重する姿勢を示したいということです。もちろん、「〇〇さん」と呼んでも敬意が伴わなければ意味がありません。

学校や施設等で生活場面の多くを共にする機会の多い環境では、親しみを込めての呼び捨てなら良いのではないかという意見、普段から呼び捨てにしているので面接のときだけ「〇〇さん」とか「〇〇君」とかと呼ぶのは不自然だという意見があるかもしれませんが、それは自分の立場からの見方であることを忘れないでください。仮に、相手の方が自ら呼び捨てにしてほしいと言っている場合や、事前にどう呼ばれたいかと希望を聞いている場合でも、日常生活の流れの中で行うカジュアル型の面接でない場合には、本当に相手はそれを望んでいるのかとの疑念を持っておくほうが良いです。また、親しみを込めて、下の名前で呼び捨てにしている場合も同様であり、こちらの感じ方と相手の感じ方が同じであると決め付けるのはいかがかと思います。また、親しみを込めることと呼び捨てにすることが本当にイコールなのか、呼び捨てにすることでのデメリットはないかといったことを再検討した上で呼び方を選んでください。

　小中学校にうかがうと、たまにあえて生徒を呼び捨てで呼んでいる先生がいらっしゃいますが、面接場面ではそれは避けたいです。理由は、先に述べたことのほかに、呼び捨てにすることで上下関係が意識されるような関係性となるのを避けたいということがあります。相手が面接者との上下関係を意識する程度が大きければ大きいほど、考えの表明、感情表現等の自由度は制限されるからです。また、自分の考えで決めていくという姿勢が後退し、こちらの意見に従うという受動的で他人任せの姿勢が前面に出てきやすいですし、さらに、退行的にも

なりやすいです。

　高度なテクニックとしては、面接という関係性に過去の親子関係を再現させることで、相手の考え方や感じ方の偏りに気付いてもらおうとか、以前から引きずっている複雑な感情を整理してもらおうとして、意識的に親が子を呼ぶように呼び捨てにするという方法もあろうかとは思います。しかし、そうしたことを意図しないのであれば、やはり呼び捨ては避けたほうが良いです。

⑥　自己紹介

　相手の名前を訊いたなら、こちらも自己紹介するのが常識です。それでこそ対等の立場です。何も家族構成や住所まで情報開示するわけではありません。普通に、「私は、○○です。よろしくお願いします」程度の自己紹介をしたいものです。また、もし名前が既に知られている場合でも、改まった場面であることを印象付けるために自己紹介はするほうが良いと思います。

⑦　クライエントにどう呼ばれるか

　先に述べたことと矛盾しますが、ほとんどの面接場面（カウンセリング）では、面接者と被面接者との関係にはアプリオリに多少の上下関係（権威関係）が潜在します。その証拠に少なくとも日本ではカウンセラーのことを相手は先生と呼

149

んでしまいがちで、それが定着していて、自然な感じがあります。それを嫌って、双方を〇〇さんと呼び合うようにしているカウンセラーもいますが、呼び方のみで対等の関係になれるとは思いません。むしろ、面接者の背後には権威が潜在しているという前提に立つ方が現実的だと思います。特に、司法、学校、医療等の多くの現場では、避けがたく上下関係が存在します。

　ここで強調したいのは、この呼ばれ方に象徴されるように、こちらに権威やそれに伴う力があることを自覚した上で、それをできるだけ意識させないように、クライエント主導で面接することを常に心掛けなければいけないということです。権威という伝家の宝刀は抜かぬからこそ、権威なのです。このことは、私が矯正施設内で面接を行っていた際に、相手を呼び捨てにしていなかった理由でもあります。


## (4)面接の内的枠組み

　これまでは、主に面接の枠組みについて、時間や場所の設定などといった外形的側面から考えてきましたが、次に、内容面の枠組みをどのように設定していくかということを述べたいと思います。つまり、相手と自分との間で、どのような目的で、どのように面接を進めていくかということです。

## ① 調査型面接の場合

　調査型の面接は、こちら側の必要によるものですから、最初に目的を告げ、相手の疑問や不安に応えるなどの「説明と同意」の手続きをとる必要があります。いじめやハラスメントの調査に心理臨床専門職としてかかわる場合には、それに加えて黙秘権その他の告知が必須でしょう。そして、真実に迫るという目的の達成のために協力を求めるというスタンスで面接を始めることになります。詰問調になることを避け、対決的にならずに、相手が見たり聞いたりした事実、相手がとった言動、そして、それらに伴う感情といったものを率直に話してもらい、そのときの客観的事実および主観的事実を共同して再構築するという姿勢を保つことが望まれます。また、アセスメントのための面接の場合には、一歩進んで、一緒に問題を掘り下げたり、その解決策を考えるというスタンスへと移行することもあるでしょう。

　こちらの考えや感情を伝えたいときもありますが、事実関係がおおむね把握されるなど、面接の目的が達成された段階で、相手が受け入れられると思われる範囲内で行うべきです。そうでないと本来の目的が達成できなくなるとともに、後に開始されるであろう相談型の面接の妨げとなる危険があります。

　調査型の面接でも、十分に良好な信頼関係が築かれるならば、相談型の面接と同様な気付きが得られます。結果としてそうなるよう意識することも大事です。

## ② 相談型面接の場合

### ア）問題や目標の明確化

　まずは、何が問題で、何を目指して面接するかということについて、面接担当者とクライエントとが共通認識を持つことが必要です。

　クライエントが明確な問題意識や目的意識を持っていれば、面接の目的の設定は容易に決まり、こちらとクライエントが共同して目的達成に向かって努力していくことを確認することになります。クライエントが示す問題意識等があまりにも非現実的である場合には、問題の所在そのものを話題にして、いくつかの問題群に分けたり、抽象的な意識をより具体的な行動に置き換えたり、また、最終目標の手前に何段階かの中間目標を設定したりします。

　なお、先に指摘したとおり、面接者側の能力的限界のほか、時間的限界、実社会での経験とリンクしないという限界などがありますから、そうした限界を踏まえた上での現実的な目標設定をする必要があります。また、目標は修正変更可能なものとして扱うことも大事です。

### イ）誰の問題かの明確化

　「私、困っている人。あなた、助ける人」、「私、指導される人。あなた、指導する人」という受動的、依存的構えの人が少なからずいます。こうしたクライエントと出会ったら、まずは時間を掛けて、こちらはあなたの手助けはするけれど、実際に困っているのはあなた自身であり、それをどうにかするのもあなた自身である

ということを丁寧に伝えることが大事になります。つまり、こちらとクライエントとの関係性や役割分担を最初に規定するのです。

　これについては、後に再度述べます。

ウ）契約（約束）

　相談型の面接では、問題、目的、面接の進め方の基本、秘密の保持とその例外等に関して合意を形成した上で、面接をする曜日、時間、頻度、回数または期間といったことを約束し、さらに、クライエントがしてはいけないこと、こちらが頼まれてもできないことを明確に示します。これについては、すでに述べたとおりです。

　もちろん、面接の時間は通常の生活場面とは切り離された自由な時間であり、相手にはできるだけ自由に振舞ってもらいたいと思います。しかし、自由にして良いといっても自ずと限界があります。むしろ限界を設定することで設定された枠組み内での自由が保証されます。なんでもOKはなんでもNOにつながりかねません。

　これは、面接に限りません。組織内の人間関係でも社会における人間関係でも、相互に受け入れられる自由の限界があるからこそ、その範囲内での自由があると言えます。面接での約束の中に、組織および社会のルールを守ること、組織や社会の秩序を乱す行為をしないことが含まれるのは当然です。

### ③ 指示・教示・支援

　面接をする際の構えまたはクライエントに対する構え、すなわち、指示する／しない、教える／教えない、直接的支援をする／しないに関する方針は、クライエントの求めているものや状況によって変わって然るべきです。

　内面の問題を考える場合や生き方を考える場合には、クライエントに自分で考えてもらう必要があります。ですから、非指示的態度をとります。しかし、はっきりとした目標や問題意識を持っていて、その達成または解決に向かって動き出している相手には、その方法を具体的に教示する方が適切です。例えば、就職先を探したいが方法が分からないという相手に対し、自分で考えてみようと答えるのでは相談になりません。就職情報誌の存在、ハローワークの利用法等を「教える」のがクライエントのニーズに適合しますし、クライエントの前向きな行動を促します。が、気を付けてほしいのは、第一段階はそこまでとなることです。もっと具体的に君には○○が向いているから○○になるのが良いとか、××を紹介してあげるといった手助けはしません。そこから先の行動の選択と実行はあくまでクライエント自身にしてもらわないといけません。もし、次の段階で○○に応募したいので△△を教えてほしいなどと言われたら、それに応じたノウハウを教え、さらに必要となれば、履歴書の書き方の教示、採用面接の練習といった直接的手助けをすることになります。

　また、死にたいと言う相手に出会うこともありますが、自分で決めなさいと言う

のは死になさいと言うのと同じで無責任です。とりあえず、死ぬのを止めてもらい、死にたくなるような事情について話してほしいと強く誘導するのが良いです。

　相手にとって、今、最も必要な対応は何かということを心掛ければ、指示・教示をするかしないか、直接的手助けをするかしないかは自ずと判断できるはずです。とはいえ、ある程度経験を積まないと判断に迷うことが多いでしょう。そのときは、スーパーヴァイザーや先輩のアドバイスを仰げば良いと思います。

　あえて言えば、クライエントのために何かしたいという熱意のある初心者は、ベテランに比べて指示的・教示的になるタイミングが早すぎる傾向にあるようです。その辺は意識しておいたほうが良いかもしれません。

## (5) ベテランの至境

　そこで思い出されるのが、ある少年院長(注)からうかがった次のような話です。

　　「少年は、結構しっかり自分のことを考えて、知っていて、こちらが話を聴く姿勢を示せば、放っておいても深いレベルのことまで自分から話すものだよ。そして、話しているうちにちゃんと自分で問題を整理して、解決方法まで考えることができるんだ。こっちは、『な～んだ、君は全部分かっているじゃないか。自分の考えたとおりにやればいいんだ』と言うだけでいいんだ。……若い教官は指導したいという熱意があるから、どうしても意見を言ったり、指導したくなってしまうんだよね。少年が自分からいろいろ言い

出すのを待てないんだよね・・・」

　この話にはいくつかの重要なことが含まれています。①面接の基本は良く話を聴くことであること、②相手のペースで面接を進め、「待つ」こと、③相手の考える力や自己変容の力を尊重すること、そして、④そのような面接の成立の背後には、面接担当者に経験に裏打ちされた余裕、受容感、安心感があり、それゆえに相手には面接者に対する信頼感が生じていることです。しかし、あえてひとつだけ重要なものを挙げろと言われたら、「良く聴くこと」すなわち「傾聴」になります。

　ちなみに、ベテランが到達したこうした面接観または人間観は、カウンセリングの太祖の一人であるロジャーズがそのカウンセリング理論を打ち立てる基礎となったロチェスター児童相談所での体験と瓜二つです。息子の問題で相談に来た母親にいろいろアドバイスしても息子の問題は好転せず、いったん面接をやめることにしたのだが、次に母親が自分の相談にも乗ってほしいと言って、自身の抱えている問題を話し出したところ、ロジャーズは彼女の話をただ聴くだけであったのにもかかわらず、彼女は自分の問題を洞察し、それが息子との関係にも影響し、結果として息子の問題も改善したというものです。

　ロジャーズも前述の少年院長も、多くの経験の末に、「問題がどこにあって、どのような方向に進むべきかを一番よく知っているのは来談者本人であり、また、誰しも自分で自分を成長させる力や健康性を持っている。」という面接観、人間

観を持つに至ったのだと思います。


注：2009（平成21）年3月5日、南山三郎氏との加古川学園園長室におけ
る会話


## （6）受容とは、傾聴とは

　よく受容という言葉を耳にすると思いますが、端的に言って、受容の中核は、
相手という存在を尊重することだと思います。特に、相手の内面に湧き上がって
いる感情の受容が大切です。そして、受容の具体的表現が傾聴です。良く聴く
ことで、相手という存在を尊重していることや相手を支援しようとしていることが伝
わるのです。逆に、自分の言いたいことをさえぎられたり、意見を押し付けられ
たりすれば、相手は自分という存在が否定ないし軽視されたと感じることになり
ます。

　また、傾聴には、相手が自分のペースでいろいろ話をするうちに、自分の内
にある考えや感情を整理できるようになるということや、不平不満を並べているう
ちに、別の見方に自分で気付くという意義や効果があります。まわりが悪いと言
い募る場合でも、心は100％不平不満で占められているわけではなく、自分の
方にも問題があるとか、まわりにはまわりの事情があるとかと、うすうす気付いて

いるものです。ですから、不平不満を全部吐き出してしまえば、こころに余裕が生じて、もともと心の片隅にあった別の見方・考え方にも目が向いて、自然に「自分の方にも少しは問題があるのですけどね・・・」といった発言が出てきます。そうなるのを待てずに、こちらのほうから「君の方にも問題があるのではないか」などと投げ掛けてしまうと、「そんなことはない」と否定して、せっかく開きかけた気付きのドアが再び固く閉ざされるのです。また、不平不満の吐き出しを中途半端に止めると、せっかく抑えていた不平不満が半端に活性化されてしまい逆効果です。いわゆるカタルシスが生じることだけで、前向きな意欲が高まるということもあります。とにかく、焦らずじっくり聴くことが大事です。

　このようなプロセスを踏むことのもうひとつの重要性は、そうすることで、「気付き」が与えられたものではなく、自分で得たものになるということです。人からもらったものは安っぽく、自分で手に入れたものは貴重です。そして、自分で気付いたのですから、気付きをどう発展させるかという責任は、相手の側に帰属します。

## (7)共感とは

　クライエントの内面に生じている感情、体験を微妙な質の違いや程度まで含めてよく分かろうとするとです。そのためには、相手の内的体験と同じような体験を自分の内面でもしてみようと努めることが必要となります。そうすることで相手

への理解、信頼関係はより深まり、相手は安心してより深いレベルのことを話すようになると期待できます。

　ここで重要なのは、共感とは、知的または論理的な理解ではなく、人間的、体験的理解であるということと、一般的に使われる「同情」とは似て非なるものであるということです。同情というのは、相手を見て自分の中に生じた自分の側の感情のことです(注)。

　相談室においでになるクライエントは例外なく、困っています。また、その背景には、思いのままにならない状況や経験があり、過去のそうした経験をずっと引きずっている人も多いです。また、犯罪非行の臨床現場では、身体的、能力的ハンディキャップや生育上の不遇を抱えている人がほとんどです。もし、自分が同じ境遇に生まれ育っていたら、やはり精神的に参ってしまっていたのではないかとか、罪を犯してしまったのではないかと思うこともまれではありません。きっと、彼らは言葉では言い尽くせない辛い思いしてきたと思います。

　その辛さに関しては十分に共感する必要があります。それにより、自分の辛さが分かってもらえたという感情が湧き、面接関係が深まっていくと期待できます。しかし、気の毒だと同情してはいけません。同情はこちらの気持ちであり、憐みも含みます。相手の依存性を引き出し、その結果、内に秘めている力を活性化させるのを妨げかねません。

　過去は変えられませんし、生物学的・遺伝的に決められていることも基本的

には変えられません。それもこれも、今のその人を構成する要素、その人そのものにほかならず、一生付き合っていかなければならないものです。運命を呪うことは自分を呪うことと同じであり、将来をもっと悲惨にするだけです。同情して、相手がそうした状態に浸るのを助長してはいけません。そこから抜け出すのを援助するのが面接です。自分の人生は自分で作るものであるということに気付いてもらわないといけません。

　別の言い方をすれば、仮に、誰かのせいまたは何かのせいで自分の人生が望みどおりにいっていないのだとしても、こちらは、人生はほかの誰のものでもない、彼自身のものであり、それをどうにかできるのも彼自身でしかないという構えを堅持し、示していくことが必要だということです。困っている本人がどうにかしなければ、状況も運命も変わりません。

　例えば、親との関係がそうです。親子関係が悪かったといっても、関係がこじれる前の状態に巻き戻すことはできないと思うのが現実的です。では、何を目指すか。目指すべきは、自分がこれまでとは違う新しい自分になって、自分から新しい親子関係を構築していくことです。もちろん、自分というものがしっかりと確立できていて、行動面も相応に自己統制できることが絶対条件とはなりますが・・・。


　　注：用語の定義の問題であり、共感と同情を区別しないことも多いです。こ

こで述べたいことは、共感も同情もこちらの内面に生じた感情という点では同じだが、それが相手の感情として自分の中に感じられるのか、自分の中に生じた自分の感情なのかを区別することが重要であるということです。


## (8) 聴き方、訊(聞)き方

聴き方、質問の仕方などについて述べたいと思います。


## ① 聴き方

聴き方は、面接の基本姿勢につながります。相談型面接でも調査型でも重要なのですが、相談型においてより重要です。

言わずもがなですが、大事なのは、聴くポーズではなく本当に真剣に聴くことです。「さあ聴きますから話してください」と言っても話せるものではありません。場の雰囲気を作ることがまずは必要です。そのためには、姿勢も表情も柔らかにします。また、良く聴こうとすれば、自ずと少し前かがみになるはずです。

何でも「はいはい」と聴き入れることが相手を尊重することではありません。しっかり話を聴いた上であれば、むしろ、おかしいところを指摘したり、別の見方を提示したりすることで、相手を真に尊重し、考えていることが伝わります。逆に、

軽い調子で「はいはい」と聴くことは、自分のことを真剣に考えていないのではないかという不信感につながることがあります。また、良く聴くことは、決して、わがままや逸脱を許容することではありません。

　良く聴くことの技法のひとつに、あいづちがあります。しかし、ただあいづちを打てばよいというものではありません。相手にきちんと話を聞いているということが伝わることが大事です。場合によっては、ただ目を見て、静かにうなずくだけのほうが気持ちが伝わることもあるでしょう。あいづちもうなずきも、強さ、速さ、大きさ、タイミングの違いで伝わるものが全く違います。自然なあいづちやうなずきをするには、面接する側が相手にしっかり共感することが必要になってきます。しなければいけないと思ってするあいづちやうなずきは、不自然だったり、タイミングがずれたりしがちです。相手の話の進行を邪魔するもの、わざとらしいもの、気のないものであれば、むしろしないほうがましです。

　あいづちには相手の話を促すという効果があります。「そうですか」「ふーむ」などと軽く合いの手を入れて、もっと話を聴きたいという気持ちを伝え、自由に話してもよいという雰囲気を作るのです。

　面接者にとっての「正しい」答えを言うまで、「それは違うだろ！」、「そんなことではだめだろ！」とダメ出しをして、「正しい」答えが出たときに「そう、それそれ！」、「考えれば分かるじゃないか！」などと称賛するやり方をする人がいます。そのやり方では、どのように答えれば良いかを学習させるだけで、相手の考え

方や感じ方には変化は生じません。

　評価的な言動は避けるべきです。先に述べたように、面接者とクライエントの関係には避けがたく上下関係が生じます。特に、矯正施設をはじめ、職場や学校のように相手との関係が評価する者とされる者となりがち環境では、そのような関係となるのは避けられません。だからこそ、それを過剰に意識させないような配慮が必要となります。もし、相手がそれを意識すれば、防衛や虚飾が多くなり、結果として、建設的な関係が破壊され、嘘を暴くかどうかという対立的関係になってしまったり、相手がこちらの価値観や意向をうかがって迎合するだけとなり、自分の内面に目を向ける姿勢を弱めたりします。


② 　訊（聞）き方

　次に訊（聞）き方、つまり質問の難しさについて述べます。どちらかと言えば、調査型の面接において重要です。

　相手は、一度に話したいことの全部を話すことはできません。つまり、相手は、ジグソーパズルの完成図を知っていて、その1ピースのことについて話すことになります。そして、こちらはジグソーパズルの完成図を知らずにその1ピースについてだけ聴くことになります。分かりにくくて当然です。ピース同士がどうつながるか想定しながら聴き、相手のペースを乱さない程度に「さっき言ったことと関係があるのですね」などと確認していくことになります。危ないのは、本来の完成

図と違う完成図を勝手に描いてしまうことです。断片から過度にいろんなことを感じ取ったり、分かったりすることがないように自己点検していく必要があります。

　原則的には、質問は少ないほうが良いでしょう。こちらの知りたいことはとりあえず脇に置いて、相手の話したいことを聴くという構えを持っていることが大事です。そうでないと、相手は自分の言い分を聴いてもらえたという気になれず、ひいては、自分という存在を尊重してもらえたとか理解してもらえたという実感を持てなくなるからです。また、こちらの知りたいことを尋ねる問答式の面接では、こちらがした質問に対する答え以外には情報収集できず、結果として重要な情報を訊（聞）き渡らすことになりがちです。それでは、主観的・客観的事実には迫れません。できるだけ、相手のペースで話してもらい、話した内容に対して質問をしていくことを勧めます。

　要するに、「なんでそんな大事なことを言わなかったの？」⇒「だって、尋ねられなかったから」というパタンは絶対に避けたいということです。冤罪が判明した足利事件の菅家利和さんは、その手記の中で、誰かが「本当はやっていないんじゃないの」と訊（聞）いてくれれば虚偽の自白には至らなかったという趣旨のことを書いていますが、それは、決め付け・先入観に基づく聴取に関する告発にほかなりません。肝に銘じておくべきでしょう。

　「なぜ」、「どうして」という質問の連発は、相手の考えを進めるのではなく、こちらと同じ考え方をするのを強要することになることがあるので注意が必要です。

また、もうこれ以上は考えられないという状態の相手を更に追い詰めてしまうこともあります。なぜならば、質問の裏には、なぜそれ以外の行動をとらなかったのかという非難が隠れていて、相手はそちらの方に反応してしまうからです。誰だって過去のことをなぜそうなったと訊（聞）かれても答えようがないし、仮に答えが分かったとしても、過去の事実は変えられません。「なぜ」、「どうして」の連発はあまりしない方が良いでしょう。


③　オープン・エンド・クエスチョン／クローズド・クエスチョン

　「なぜ」、「どうして」の類の、自由回答（非選択的回答）を求める質問をオープン・エンド・クエスチョン（開かれた質問）といいます。相手のペースで相手の言いたいことを聴くという点では、このタイプの質問が優れています。しかし、訊（聞）かれても答えようのない質問や、あいまい過ぎて意図が伝わらない質問では、相手を困らせるだけで、不安や不満を強めたり、結果、防衛的態度を作らせてしまう危険があります。また、いざここで問題の核心に迫ろう、相手と対峙しようとするときには、問題をあいまいにしたり拡散させたりすることは良くありません。

　クローズド・クエスチョン（閉じられた質問）は、「はい」、「いいえ」で答えられる質問のことです。事実関係を確認するときにはこのタイプの質問になります。クローズド・クエスチョンは、質問そのものが面接者側の枠組みから出ているもの

ですから、相手の自由な考えや感情の表現は引き出しにくいという欠点はありますが、他方、答えやすいという長所もあります。例えば、口が重い人、知的制約や極度の緊張のために委縮している人、発達障害の傾向などのためあいまいな質問には答えにくいといった人、防衛的構えがとれにくい人などに対しては、「今日は天気が良くて気持ちいいですね」、「昨日はよく眠れましたか」、「昼ご飯は全部食べましたか」といった答えやすく、当たり障りない質問を繰り返して、声を出すこと、言葉のキャッチボールをすることを経験してもらい、面接というものに慣れてもらうこと、面接者に対する安心感を持ってもらうことが必要です。

　どちらのタイプの質問が良い悪いではなく、実際の面接場面では、時と場合に応じて2種類の質問を使い分けることが大事です。


## (9)面接の進め方・深め方
### ① 応答の仕方

　あいづち、うなずきのほかに、面接を進めたり、深めたりするのに良く使われる応答方法を簡単に紹介しておきます。ちなみに、あいづちやうなずきは、簡単な受容とか感情の受容とかと呼ばれます。

　まずは、相手の言ったことをそっくりそのまま繰り返す方法(繰り返し、オウム返し)があります。「○○をしたんです」⇒「○○したんですね」という応答である。普段の会話でも、軽い調子の「ああ、○○なんだ」という合いの手を良く耳にしま

すが、それと同じです。話の流れを先に進めるのに有効ですし、相手の言った言葉そのものですから、誤解をしたり、相手を傷付けたりする心配がほとんどありません。ただし、うるさいほどにやるのは逆効果ですし、返すタイミングがずれても逆効果です。相手の言ったことにそっと沿うようなイメージで言います。

　次に、感情の反射といわれているものがあります。相手が感じている感情を取り出して、それを返す方法で、「〇〇なんです」⇒「〇〇という気持ちなのですね」という応答になります。この応答により、その感情にまつわる話題が深まることが期待できます。

　その次が、言い換えや要約です。相手の言葉をより明確化させる形で言い換えたり、要約したりします。こちらの理解、つまり言い換えや要約が適切かどうか、相手に確認を求めるような応答になります。「今おっしゃったことは、〇〇ということですね」、「つまり、〇〇ということですね」といった応答になります。これにより、相手は事実関係や自分の考えを明確化したり、整理したりして、次に話を発展させることができます。同じようなことを感情について行えば、感情の明確化ということになります。相手の感情を推し量り、「大変心細かったんですね」などという応答になります。

　面接が深まっていけば、相手の言ったことに沿うだけではなく、こちらからも働き掛けていきます。具体的には、相手の言っていることを解釈して、それを提示したり、相手の言っていることを積極的に支持したり、相手の言っていることに

対し個人的な意見を示したり、あるいは矛盾を指摘して対決したりといったことです。これらの応答を自在に組み合わせてさらに面接を進めていくことになります。もちろん、相手にとって耳の痛いことや気付いていないことが受け入れられるためには、しっかりと安定した関係が築かれていなければなりません。


## ② 分かる言葉で

　自分でも良く理解でき、相手にも良く理解できる言葉を使うことが大事です。平易で、できるだけ相手の考えや感情にしっくりくる言葉を選びたいものです。例えば、方言でないとニュアンスを正確に表せないとか、受け取ってもらえないと思ったら積極的に方言を使ったら良いと思います。

　難しい言葉や専門用語を使うと、こちらも相手も分かった気になれるのですが、その気になれるだけで分かっていないことが多いことに注意が必要です。クライエントの方も、こちらの使う用語や参考書などで仕入れた用語・概念を駆使して、いろいろ説明や解説をする場合がありますが、用語等を使えることと、その内容を理解したり洞察したりすることとは別です。用語を駆使できることをもって目標達成としないように気を付けたいものです。できれば、専門用語を身近な日常用語に、なじみの薄い英単語を日本語に置き換えて（英単語で表現したほうが分かりやすいという場合はもちろん英単語のままでよいです）話したいものです。

168

### ③ 視線

　面接をするときは、相手の方を見て話をしたり、聴いたりするのが基本ですが、相手の目から目をそらさないとか、常に身を乗り出して凝視するとかいう必要はありません。それでは、かえって相手に圧迫感を与えたり、緊張感を生じさせたりします。要は、相手の話を誠実に一生懸命聴いているという姿勢が重要なのです。相手が目をそらして話すときは、こちらの視線を気にしている可能性がありますから、むしろ凝視しないほうが良いと思います。

　小笠原流の礼法(注)では、相手の話を真剣に聴くときには、「目通り、乳通り、肩通り」に視線を置くことを推奨しているとのことです。つまり、視線を相手の目の高さより下で乳の高さよりも上で、両肩の間に置くということです。日本文化では、相手を見て話す・聴くということは、必ずしも相手の目を凝視することと同じではないと思います。

　もちろん、これぞ大事な話だというときには、聴くときも話すときも身を乗り出してしっかりと目を見ることが重要となりますが、そうでないときには何となく相手の方を見て、全身をよく観察すれば良いと思います。妙に肩や首筋に力が入っている、手が握りこぶしになっている、手遊びをしている、文字どおり腰が引けている、貧乏ゆすりをしているなどは、いわゆる非言語的メッセージにほかなりません。顔から離れた部分ほど、意識的には装いにくく、案外本当の心情を表現していることが多いです。

注：小笠原清信（1971）　日本を知る事典　社会思想社


## ④　気付きへの道のり

ア）　気付きについて

　さて、これまで何度も気付きという言葉を使ってきました。気付きが得られること
は、相談型の面接の中核的で実質的な目的です。

　気付きは、知的なものであってはだめで、情動を伴わないと本物ではありま
せん。例えば、被害者の視点に立ってみようというときに、被害者は痛かっただ
ろうとか、悔しかっただろうと頭で理解するだけではあまり意味がなく、その痛さ、
悔しさなどを感情として体験できないといけないと思います。そのような共感の
中で初めて被害者の視点に立つことができ、そして、何らかの気付きが得られ
るのだと思います。

　気付きに至らないというのは、別の見方をすれば、気付きに伴うであろう情動、
自分の中にある嫌な面、見たくない面を直視し、受け止めるだけの準備が整っ
ていないことを意味します。そこで、無理に気付きを促せば、無用な混乱を招い
てそれまでの面接の道のりが振り出しに戻りかねません。いろいろ工夫して間
接的な働き掛けをしながら「待つ」ことが大事です。案外、意外な話題から気付
きが得られることがあるものです。

　気付きと同じことは、反省にも言えます。反省しろと言われてする反省は本物

ではありません。本物の反省は、自発的に、かつ、情動を伴って生じるものだと思います。

イ）逆質問について

　相手が逆質問してくることがあります。逆質問には答えます。いなすことは相手の質問を無視することであり、相手の存在を軽視することになります。

　逆質問といってもタイミングと内容がいろいろで、相手がいろいろ考えた末にこちらの意見も聞いてみたいと思って質問してくる場合があります。この場合には、もちろん真剣に答えます。しかし、意見を押し付けることはしません。率直に、面接者とか指導者とかという枠組みを一旦はずして、一個人の意見として述べるべきでしょう。

　一方、面接の流れを切るような唐突な質問が来る場合もあります。こうした質問は、自分の問題に向き合えなくて、話題を変えるためのものである可能性があります。面接が深まらない段階での逆質問の多くはこれです。また、面接や面接者への不満・敵意といったものが逆質問という形となって表れることもあります。逆質問が出たら、その意味を考えてみる必要があります。ただし、面接の初期段階でなされたのであれば、おおむね面接がうまく流れていない証拠だと思って良いでしょう。

　逆質問が出ると面接者はその意外さから一瞬たじろいだり、すぐに話を元に戻そうと焦ったりしがちです。ベテランになるとあわてず騒がずに、質問に対し

て短く的確に答えたうえで、自然に話を戻すのですが、それが上手にできない
と、「逃げた」とか「自分の質問に真剣に答えてくれない」と認識されたりすること
になります。まずは、相手の質問をしっかり受け止めることが大事です。そこから
先の対応はいろいろありますが、初心者のうちは、質問をはぐらかさず、きちん
と誠実に答えるのが良いと思います。もちろん、誠実な答え方という中には、「答
えられない」、「分からない」という答えも含みます。いったん質問を受け止めて
からであれば、なぜそういう質問をしたくなったのかと尋ねたり、なぜそういう疑
問を持ったのかと質問を返していくことも考えられます。

ウ）抵抗について

　自分の問題に向き合えないとか、面接にすんなり乗ってこないという背後には、
そうしたくないという「抵抗」の心理があります。また、こちらがどれほど相手を尊
重しているか、面接に対して真摯かを試すような態度も抵抗の一種です。先ほ
ど述べた逆質問はそのひとつの表れ方ですが、もっと消極的な表現、例えば、
不機嫌、ぶっきらぼう、すぐ話題を変える、沈黙などもあります。面接に遅刻する
とか面接のときに体調が悪くなるとかいうのも抵抗と考えて良い場合があります
し、しぐさで嫌な気持ちを示す人もいます。あちこちよそ見を始めた、髪や顔や
服をさわり始めた、貧乏ゆすりを始めたなどは、面接に集中していない証拠で、
抵抗の消極的な表現です。

　抵抗は、誰にでも生じます。嫌なことから目をそむけたいのは普通の心理で

す。それが今の自分を否定することにつながるなら尚更です。ですから、抵抗が生じたときに、「自分に嘘をつくな」などと指導しても無駄です。それどころか抵抗をかえって強める結果になります。抵抗したい気持ちを受け入れてから次の段階に進むことが肝要です。抵抗が生じるということは気になっているということであり、自分で自分の問題や弱点がうすうす分かっている、またはいずれ分かるはずだという証拠でもあります。抵抗は、気付きの裏返しと思って受け止めれば良いでしょう。


⑤　自己開示について

　相手からの質問に答えるなどの形で、面接者の側が自分の意見や経験を言うことを自己開示といいます。面接が十分に深まると、面接関係は面接者と相談者という関係よりも、役割や立場を超えた裸の人間同士の関係に近くなります。そのような状態になれば、逆質問されなくてもこちらから自分の考えや感情、経験などを率直に開示して良いと思います。相手が自分というものをしっかり意識できるようになっていれば、こちらの発言に影響されることなく、自分なりに咀嚼し、自分の考え方や生き方の参考とすることができます。

　しかし、そのような状態になる前の段階、つまり、面接関係（信頼関係）が浅い段階、相手が依存的構えを残している段階では、自己開示するとしても、自分の価値観の押し付けにならないように十分に配慮しないといけません。過去の

自慢話は最も避けたいところです。相手は、自分の問題を一緒に考えてもらいたいのであって、面接者の経験談を聞きたいのではありません。その経験談が参考になることがあることはあるでしょうが、それを聞いて自分の問題として考えられる段階になる前に経験談を話すのは適当とは言えません。例えば、高校受験に失敗したことが後の不適応の原因だったと思っている相手が、その話をし始めたときに、面接者が「実は自分も第一志望の高校には入れなかったんだ・・・けれど、その後頑張ったんだ・・・」と話をしてしまったらどうでしょうか。相手は、辛い体験を話して分かってもらおうと思ったのに、話せなくなってしまいます。たいていは、こちらが話し始めたら礼儀としてそれを聞かないといけないという心境になるでしょう。そして、結局は成功談を聞くことになるわけで、そうなると、その先、自分の失敗や挫折を話せなくなります。「ものすごく落胆したのですね。私も受験に失敗したからその気持ちは分かりますよ」と共感を示したとしても同じです。面接者との関係ができあがっていれば、相手は、「先生もそうだったんだ、挫折を乗り越えて今があるんだ」と思ってくれるかもしれませんが、多くの場合は、「そのときの自分の気持ちがそんなに簡単に分かってたまるか」という反発を感じます。ですから、相手がこちらの自己開示を自分の参考として消化できるようになるまでは、自己開示はあまりしないほうが無難です。

　一般的に言って、指導的な人ほど自分の体験や考えを熱っぽく話したがる傾向があるようです。そして、相手がそれを自分の問題として受け止めることので

きる準備状態になる少し前にやってしまって、せっかくの貴重な体験や話の効果を減じさせていることが少なくないように思います。ここでも、ちょっと「待つ」ことが重要です。

　なお、自己開示するならば、しっかりと自分の意見として述べることが大事です。「先生たちはみんな〇〇と思っている」、「世間の人はみんな〇〇と言っている」という言い方は、犯罪者や非行少年が自己の責任を回避しつつものを言うときの言い方と同じです。「〇〇に決まっている」、「〇〇に違いない」という主語抜きの説明も同じです。


## ⑥　関係性の点検

　相談型の面接のまとめに代えて、相手を面接者または面接という関係性への過度の依存を生じさせたり、続けさせたりしてはさせてはいけないということを強調しておきたいと思います。繰り返し述べてきたとおり、相手の内にある力を活性化させ、発揮させるのを妨げるからです。そして、当然のことながら面接者の側が面接という関係性に依存するのはもってのほかです。

　まさかそんなことはあるはずがないと思うかもしれませんが、どの臨床領域にも、まれにではありますが、相談に乗っている自分を意識することで満足を感じたり、相談相手に依存されることで相談相手としての自分の存在意義を確認して満足を感じたりする人がいます。露骨な言い方をすれば、相手のための面接ではな

く自分のための面接になってしまうのです。このクライエントのことを理解できる
のは自分だけだとか、この人を立ち直らせることのできるのは自分だけだなどと
いう考えが浮かんだら、関係性に依存しかかっているかもしれないという観点か
ら自分を振り返ってみてください。

　面接という関係の中にいる自分と、面接という関係を外から眺めているもう一
人の自分というものを持って、面接関係を点検しながら面接を進めることが望ま
れます。相当なベテランでも関係性にのめりこんで、自分が見えなくなるときは
あります。ですから、上司、先輩、スーパーヴァイザーの存在が重要なのです。

　関係性の自己点検ということは、本章の最初に述べたことです。私は、よく聴
くこととともに、関係性をどう構築・発展させるかということが面接の最重要事項
だと思います。


## (10)調査型面接における留意点

### ① 基本姿勢

　調査型の面接について若干補足しておきたいと思います。

　本来の心理臨床からは少し離れるかもしれませんが、心理臨床専門職の活
動領域の拡大に伴い、いじめやハラスメントなどに関する事情聴取などに参加
することを要請されることが増えています。これは調査型の面接となるわけです

が、調査型の面接であっても、基本的なやり方は相談型と同じです。つまり、前にも述べたとおり、こちらの訊（聞）きたいことを訊（聞）く前に相手の話したいことを十分に聴くことが大事です。そして、相手の話の流れに乗ってこちらの知りたい情報を得ていくのが望ましい在り方です。そうでないと、得られる情報はこちらの必要なことに限定されることになり、結果として真実に近づけないことになります。とはいっても、時間的な制約があって、相手のペースのままで面接していたのではこちらの訊（聞）きたいことが訊（聞）けないということがあります。そのときは、相手の話に一段落がついたと思えたタイミングで、「今度はこちらから少し訊（聞）たいことがあるのだけれど・・・」とか、「今の話で少し分からないところがあるのだけれど・・・」などと言って、軌道修正するのが良いでしょう。

　重要な情報は、こちらの訊（聞）きたいことの中により、相手の話したいことの中に含まれています。その意味で、あらかじめ用意され、構造化された質問のみで面接を進めることは好ましくありません。例えば、「今、死にたいですか」⇒「いいえ」⇒「では次の質問です。今、人を殺してやりたいと思っていますか」⇒「いいえ」といった質問と答の繰り返しは、言葉だけがやりとりされているいわば儀式であり、内実はどこか別のところに置き去りにされています。そうした無味乾燥な一方的な質問の羅列は面接とも調査とも言いません。面接と言うからには双方向性が必要です。調査すべき事項を全部埋めることができたり、あらかじめ用意されている判断基準・診断基準に合致する情報が得られたとしても、相手の返

177

答に信頼が置けないのであれば意味がありません。

　構造化された面接は、特定の事項（つまり構造化の目的）について、信頼性妥当性の高い調査結果をもたらしますので、特にスクリーニング調査などには有効だと言えますが、それのみで終わらないことが重要です。また、調査事項の順番を適宜入れ替えるなどして、できるだけ相手の話の流れに沿って訊（聞）いていくことや、構造化された質問構成で訊（聞）くべき事項とそうでない事項を柔軟に組み合わせていくことも求められます。

　なお、先に例に挙げた「今、死にたいですか」の質問は、あるナースが外国の精神科の病院で毎朝呪文のようにしなければならなかった質問だそうです。「ことが起きたときに、毎朝そのようなことが起きる危険性をチェックする体制をとっていましたという記録を残すための作業だ」と説明してくれました。それはそれで意味があるでしょうが、どうせするならもう少し本音に近付けるようなやり方でしたいものです。


③　事実への接近のために

　すでに述べたように、調査型の面接では、最初に面接の目的を明確に伝えることが必要であり、また、言いたくないことは言わなくてよいこと、情報の秘匿については例外があることなどを告知する手続きが必要です。

　しかし、そうしたことは手続き面だけではなく、客観的、主観的事実に迫るとい

う調査の本来の目的達成のためにも重要なことです。つまり、「覚えていない」、「忘れた」という答えをしても良いと相手に伝えることは事実に接近するのにも有益なのです。もちろん、「覚えていない」、「忘れた」を無条件に許していたら訊（聞）きたいことが訊（聞）けなくなり、調査の目的を達成できなくなりますから、いわゆる外堀を埋めるような質問をして、忘れたことを「思い出してもらう」よう最大限の工夫や努力をします。しかし、最終的には、覚えていないことをさも覚えているかのように話してもらって誤った事実が構築されていくよりは、忘れたと言ってもらう方がましだと割り切ることが必要です。時間が経てば、または状況が変われば、「思い出す」かもしれません。必要とあらば別の機会に仕切り直しします。

　また、調査型の面接では、同じようなことを既に別の人に尋ねられている場合が多く、相手は同じことを訊（聞）かれるのにうんざりしていたり、または、以前に言ったと同じように言わないと怒られると思い込んでいたりしがちです。後者は、年少者やいわゆる弱い性格の人に多いので、そうした人との面接では特に気を付けなければいけません。たとえ些細なことでも真実とは違う事実認定に加担してはいけません。誤認識、誤解釈、冤罪はその延長上にあります。

　同じようなことを尋ねるかもしれないが、今の段階で覚えていること、考えていること、感じていることを言ってくれれば良く、以前に誰かに話した内容と違っていても良いし、よく覚えていないならそう答えても良いということを保証することが

大事です。もし、相手の言うことが記録にあることと違っていたり、別の関係者の言っていることと違っていても、とりあえず、非難したり、強く指摘したりせずに聴きます。そして、聴くだけ聴いた上で、最後に「〇〇の記録と、今聴いた話とは少し違うのですが、その辺を詳しく教えてください」などと尋ねるのが良いでしょう。案外、一見矛盾していると見える事柄も、良く聴くと矛盾していないことも多いものです。面接者（調査者）と共同で真実に近付く作業をする雰囲気が作れれば理想的です。

　当たり前のことですが、できるだけ先入観にとらわれないことが大事です。自分では先入観にとらわれていないつもりでも、こちらの持っている仮説に沿った発言があると、思わず顔をほころばせたり、仮説と違う発言に顔を曇らせることがあるかもしれません。こうした反応（フィードバック）も先入観に従った誘導にほかならないことを忘れないでください。ニュートラルに淡々と面接を進めるべきです。もちろん、あからさまな誘導質問やある特定の答えを期待するような質問は禁忌です。厳密に言うならば、誘導質問に対する答えは、仮に真実を言ったものだとしても証拠能力に問題が生じるはずです。多くのクローズド・クエスチョンも、面接者側から答えを例示される結果、相手が自発的に持ち出した話ではないという点、「はい」、「いいえ」の答えを事実上強要される（分からないという答えができない）という点で証拠能力が弱いと思われます。刑事手続きにおける取り調べが可視化されれば、質問の仕方がどの程度返答の内容を拘束したか

が争いになるはずですが、それは、いじめ問題等における調査型面接についても当てはまることです。

問題の核心部分に触れる前に、それまでの時間経過を追って何をしたかということを具体的に訊(聞)き、したこと、見たこと、聞いたことを体験のままに述べれば良いという構えをもってもらうことも大事です。また、周辺的事実を思い出してもらうことで、忘れかけていた核心的事実も思い出しやすくなります。抽象的に訊(聞)くよりも、そのとき、○○はどうであったか、何か見えたか・聞こえたかと、関連していると思われる体験について、具体的に訊(聞)くほうが事実に迫りやすいです。


## (11)再び、面接とは

もうお気付きと思いますが、面接の当面の目標は、現に困っていることや不適応的な行動をなくすことですが、結果として生じるもうひとつの重要な効果として、面接のプロセスを通じて、人間として一歩成長するということがあります。それが面接の隠された本当の意義だと思います。また、それを目的化してはいけませんが、面接をする側も面接を通じて成長することができ、それに伴い面接も上達します。

「面接をする・考える」という妙なテーマの意図は、面接をして、そして面接に

ついて考えてみて、相手も自分も一歩成長できるようになれば良いという願いを込めたものでした。

　面接で大事なのは技法よりも面接者の構えです。究極的には面接者自身と言って良いと思います。まずは、面接をしてみて、そして、面接について考えてみてください。

# あとがき

　この原稿を書き終える前日に、某大学院のメディアデザイン研究科(デジタルコミュニケーション研究)の教授の最終講義と謝恩会がありました。

　そこで、その先生のかつての教え子の一人が、博士課程修了時に「先生は何も教えてくれずに教えてくれた」というメッセージを送ったことが紹介されていました。それもそのはず、その先生の教室の方針は、

WE DO NOT TEACH

Tell me and I will forget

Show me and I may remember

Involve me and I will understand

とのことでした。

　いわゆる理科系の最先端の教育でさえ、教場、机上、参考書上ではなく、実践を通じて行われているのです。いわんや心理臨床をやです。心理臨床こそ実践を通じてでなければ学びを深められないはずです。そのためには、学ぶ者がスーパーヴァイズを求めるなどして成長しようとすることはもちろんですが、少し先んじて経験を重ねた者は、学ぼうとする者に学びの支援や経験知の提

供をしなければならないと思います。

　心理臨床は本当に研究や経験の積み重ねが効率的に進みにくい分野ですが、そのうちでも最も積み上げにくいのが経験知だろうと思います。本書は、徒然なるままに臨床実践の内側の知を書き連ねたものですが、そんな徒然にこそ意味があると思いたいです。

　公認心理師法の成立（2015年）により、心理臨床に携わる者の国家資格が誕生し、心理臨床の世界は大きく発展・変容しつつあります。公認心理師法には「臨床」、「臨床心理」、「心理臨床」という用語が出てきませんが、心理支援の基本は、臨床の精神であり続けなければならないと思います。

≪著者紹介≫

川邉 讓(かわべ ゆずる) 駿河台大学心理学部／心理学研究科教授

1979 年、心理職として法務省に入省後、少年鑑別所長、法務省矯正局企画官(少年鑑別所担当)、刑務所・拘置所部長などの矯正局関連機関のほか、保護観察官、人事院試験専門官(心理学担当)として 30 年間の心理職公務員として勤務。その後、駿河台大学に移り、心理学部長、心理学研究科長、心理カウンセリングセンター長など歴任し現在に至る。

この間、人事院試験専門委員(人間科学担当)、公認心理師試験委員、内閣府子ども・若者育成推進施策点検評価会議構成員、人事試験研究センター専門委員、法テラス犯罪被害者支援課アドバイザー、東京臨床心理士会・東京公認心理師協会副会長、精神科病院心理職などとしても活動。

公認心理師、臨床心理士。

# 心理臨床の副読本

### 臨床実践の内側のはなし

発　行　日　2025 年 5 月 1 日　初版第 1 刷発行
著　　　者　川邉 讓
発　売　元　株式会社 星雲社（共同出版社・流通責任出版社）
　　　　　　〒 112-0005
　　　　　　東京都文京区水道 1-3-30
　　　　　　TEL03-3868-3275　FAX03-3868-6588
発　行　所　銀河書籍
　　　　　　〒 590-0965
　　　　　　大阪府堺市堺区南旅篭町東 4-1-1
　　　　　　TEL 072-350-3866　FAX 072-350-3083
印　刷　所　有限会社ニシダ印刷製本

© Yuzuru KAWABE 2025 Printed in Japan
ISBN978-4-434-35876-0　C3011